编著

汉字传奇

THE LEGEND OF CHINESE CHARACTERS

山西出版传媒集团　山西教育出版社

图书在版编目（ＣＩＰ）数据

汉字传奇/艾星雨编著. —太原：山西教育出版社，2015.4
（2022.6 重印）
ISBN　978-7-5440-7558-9

Ⅰ．①汉…　Ⅱ．①艾…　Ⅲ．①汉字-青少年读物
Ⅳ．①H12-49

中国版本图书馆 CIP 数据核字（2014）第 309862 号

汉字传奇
HANZI CHUANQI

责任编辑	彭琼梅
复　　审	李梦燕
终　　审	潘　峰
装帧设计	薛　菲
印装监制	蔡　洁

出版发行　山西出版传媒集团·山西教育出版社
（太原市水西门街馒头巷 7 号　电话：0351-4729801　邮编：030002）
印　　装　北京一鑫印务有限责任公司
开　　本　890×1240　1/32
印　　张　8
字　　数　190 千字
版　　次　2015 年 4 月第 1 版　2022 年 6 月第 4 次印刷
印　　数　9 001-12 000 册
书　　号　ISBN　978-7-5440-7558-9
定　　价　48.00 元

目　录

汉字之未来

汉字之演变

01 在神话中孕育——汉字的起源

◇ ⋯⋯⋯⋯⋯

说到汉字起源，就必须提到仓颉。

传说，远古时候，黄帝统一华夏之后，感到交流不便，就命他的史官仓颉想办法造字。于是，仓颉就在洧水河南岸的一个高台上造屋住下来，专心致志地造起字来。可是，他苦思冥想，想了很长时间也没造出字来。

有一天，仓颉正在思索之时，只见天上飞来一只凤凰，嘴里叼着的一件东西掉了下来，正好掉在仓颉面前，仓颉拾起来，看到上面有一个蹄印，可仓颉辨认不出是什么野兽的蹄印，就问正巧走来的一个猎人。猎人看了看说："这是貔貅的蹄印，与别的兽类的蹄印不一样，别的野兽的蹄印，我一看也知道。"

仓颉听了猎人的话很受启发。他想：万事万物都有自己的特征，如能抓住事物的特征，画出图像，大家都能认识，这不就是字吗？从此，仓颉便仔细观察各种事物的特征，譬如日、月、星、云、山、河、湖、海，以及各种飞禽走兽、应用器物，并按其特征，画出图形，造出许多象形字来。

仓颉造字是个传说

　　这样日积月累，时间长了，仓颉造的字也就多了。仓颉把他造的这些象形字献给黄帝。黄帝非常高兴，立即召集九州酋长，让仓颉把造的这些字传授给他们，于是，这些象形字便开始流传开来。

　　这个传说是真的吗？真的是仓颉凭借一己之力就创造出神奇的汉字了吗？考据史书，在战国以前的典籍中都从未提及，最早提及仓颉者，是战国时期的荀卿。《荀子·解蔽》写道："故好书者众矣，而仓颉独传者，一也。"意思是说，古代喜欢写字的人很多，但只有仓颉一个人的名声流传了下来，这是因为他用心专一啊。但并没有说仓颉造字，而是说他喜欢写字。荀卿之后，《吕氏春秋》和《韩非子》加以引申，提出了"仓颉作书"的观点。汉代以后，在《淮南子》和《论衡》等书中，仓颉已经从普通人变为长了龙的容貌、四只眼睛的神话人物了。

后世有人考据，仓颉，原姓侯冈，名颉，全名侯冈颉，号史皇氏，传说活了110岁（即便是现在也堪称高寿，更何况是在平均年龄只有三四十岁的远古时期啊）。传说他不但是我国官吏制度及姓氏的草创人之一，也是我国原始象形文字的创造者，首创的象形文字震惊尘寰，堪称人文始祖。黄帝感他功绩过人，乃赐以"仓"姓，意思是"君上一人，人下一君"，是为仓颉。

然而，从黄帝时期到战国时期，大约有两千多年的距离，其间并无文字记载，荀卿又是从哪里知道仓颉的存在和贡献的呢？就算是现在，我们想准确了解一百年前的事儿，也是很困难的。因此，合理的结论是：传说就是传说，并非事实。

那么，汉字到底是如何起源的呢？远古神话传说通常是先民杂糅了现实与幻想的产物，神话传说中往往包含着现实。在仓颉造字这个传说中，汉字从图画中来，就是其中的现实。

人类为什么会说话？从什么时候开始，从嗓子里发出的无意义的吼叫变成好听的有意义的语言？这些问题长期以来一直困扰着我们。语言的起源是一个有高度争议性的话题，由于可得到的实证证据的欠缺，许多人认为严肃的学者不应涉足于此问题。1866年，巴黎语言学会甚至明令禁止讨论此问题，这一禁令对西方学界产生的影响一直延续到20世纪末。现今，关于语言在何时何地如何起源的问题有着众多的假说，假说的数量几乎与此领域中学者的数量一样多。

　　语言起源理论可以根据它们前提假设的不同，划分为连续性假说与非连续性假说两类。

　　连续性假说的基本思想认为：语言不可能突然之间就形成其最终的形式，它一定是由人类灵长类祖先的早期前语言系统演变而来。非连续性假说则持相反的意见，认为：语言有着独一无二的特征，只能是在人类演化历程中的某一时间点上相对突然地出现的。不同理论间的另一区别是，有些人认为语言是一种先天的能力，由遗传因素决定，另一些人则认为语言具有文化性，是通过社交接触而习得的。

　　姑且不管哪种理论正确，语言先于文字出现这个事实恐怕无人能否定。

　　但是语言有个问题，就是无法保存，而人的记忆又是靠不住的，遗忘和偏差总是如影随形。怎么办呢？如果有什么重大的事情需要记住，最初先民们用摆放石块的方法来帮忙，我们称它为"堆石记事"。堆石记事是以石块的大小、多少、堆放的方法和位置，分别代表不同的事物。这种方法既麻烦又不便于管理，而且很容易被破坏。

　　后来，又发明了"结绳记事"。结绳记事是用柔软而有韧性的树皮搓成细绳，然后将数十条细绳排列整齐悬挂在一处，在上边打结记事。大事打大结，小事打小结，先发生的事打在里边，后发生的事打在外边。为了能够记录更多的事情，又利用植物的天然色彩，把细绳染成各种颜色，每种颜色分别代表一类事物，使所记之事更加清楚。由于结绳记事更方便，更易于保存，从而取代了堆石记事。直到现代，世界上还有一些原始部落仍在使用结绳记事。

结绳记事

　　"契刻记事"也出现了。契刻的目的是帮助记忆数目。因为人们订立契约关系时，数目是最重要的，也是最容易引起争端的因素。于是，人们就用契刻的方法，将数目用一定的线条作为符号，刻在竹片或木片上，成为双方的"契约"。这就是古时的"契"。后来人们把契从中间分开，分作两半，双方各执一半，以二者吻合为凭。

　　再往后，最早的"符号文字"出现了。符号文字最初主要由"○"、"△"、"✳"三个符号构成，它的发明源于"结绳记事"的大结和小结，最初有人嫌结绳记事麻烦，便把结绳记事的"结"用符号刻在石头上，大结用"○"来表示，小结用"△"来表示，重叠结用"✳"来表示。人们发现用这种方法记事比结绳记事更高明，它避免了结绳记事容易被烧毁和腐烂等不利因素，可以永久性保存。于是人们逐渐改用符号文字来代替结绳记事，并且陆续发明了数十种不同的符号来代替不同的事物。"○"、"△"、"✳"三个符号与现代计算机使用的非门、与门、与非门有异曲同工之妙。

　　这套远古符号文字在中国历史上延续了至少五千余年，但它只在领导阶层等少数人中间流传，普通人根本不认识，更不要说理解了。为什么呢？因为当时生产力水平低下，大家都忙着渔猎、耕种和战争，没有学习文字这个需要。可事情在黄帝打败炎帝建立起中国历史上第一个部落联盟的时候起了变化。

抛开神话幻想的那一部分，让我们来看看现实里的那场影响深远的部落战争吧。

大约在四千多年以前，在中国这块领土上，住着许多氏族和部落，其中势力最大也最为著名的有黄帝部落、炎帝部落和蚩尤部落。黄帝部落的发祥地在陕西北部，后来向东北迁徙，最终定居在河北涿鹿附近。炎帝部落的发祥地在陕西渭水中游一带，后来东迁，沿着渭水东下，又顺着黄河南岸到达山东。蚩尤部落的活动范围大致是山东南部和河南北部。

炎帝部落东迁的结果，是在山东、河南一带与居住在这一地区的蚩尤部落相遇，发生了冲突。炎帝部落被打败，逃往河北涿鹿投靠黄帝部落。这两个部落联合起来与蚩尤部落在涿鹿进行了一场大战。蚩尤败后逃到冀州一带，被黄帝部落杀死。这就是史书上有名的"涿鹿之战"。

战后，黄帝对蚩尤部落采取了安抚政策，这样留在北方的蚩尤部落成员就加入了炎黄部落。不久，炎、黄为争做霸主，也发生了冲突，大战于阪泉，炎帝战败。这就是"阪泉之战"。

收服了炎帝部落之后，黄帝部落又陆续打败了黄河中下游地区的其他部落，建立起了更为广泛的部落联盟，黄帝成为部落联盟的最高领袖。那些原来不同祖先的部落，经过长期的共同生活，共同繁衍，互相融合，都自认为是炎黄的子孙，自称"华夏族"。后来，华夏族和中原地区的其他部落不断融合，"中华"逐渐成为代表整个中国的名称，中华民族成为我国各民族的总称。

　　在与各个部落的长期征战中，黄帝发现各个部落的记事方法，不管是堆石、契刻，还是结绳、符号，截然不同，其意思更是千差万别，根本无法用来交流和发布命令。怎么办呢？必须发明一种方便记忆、方便识别、方便交流的工具。于是，仓颉便开始造字了。

　　好吧，仓颉一个人是造不出汉字的。那么，真实的情况又是如何的呢？

02 从神话到现实——汉字诞生

◇ ....

作为原始的记事方法，不管是堆石、契刻，还是结绳、符号，归根结底，都只是表示和记录数字或方位的一些简单的概念，是一些表意形式，可以把它们看成是文字产生前的一个孕育阶段，但它们不能演变成文字，更不是文字的产生。因为它们只能帮助人们记忆某些事情，而不能进行思想交流，不具备语言交流和记录的属性。

那么汉字到底起源于什么呢？现在一般认为，汉字起源于原始人类的绘画。

原始人类的绘画可能和原始的自然崇拜有关。原始人类不像今天的人类，对自然非常了解，但他们也渴望了解自然。好奇心是推动社会进步的最大动力。在当时的人看来，万事万物——包括人类自己——这整个生机勃勃的世界的背后一定有什么在推动，这个

"什么"，被称为"灵魂"。朴素版的"万物有灵论"就诞生了。

灵魂如此神秘，无形无相，又无处不在，根本就无法解释，因此就只能崇拜。就算是现在，科学如此发达，早就证明了灵魂说的荒谬，依然有那么多人痴迷，何况对于这个世界近乎一无所知的原始人。

崇拜总要有所表现吧，于是画出来，刻出来，顶礼膜拜——原始的艺术，原始的宗教，原始的风俗，原始的文字，等等，都在其中孕育。

有一些学者认为，绘画是出于生殖崇拜。原始人无法解释孩子的孕育和降生，认为是神迹，天神所赐，因此产生生殖崇拜。接下来的事情就和刚才的说法一致了。

然而图画要发挥文字的作用，转变成文字，只有在有了较普遍、较广泛的语言之后才有可能。譬如，有人画了一只虎，大家见了才会叫它为"虎"；画了一头象，大家见了才会叫它为"象"。久而久之，大家约定俗成，图画和语言就产生了固定的联系。

随着时间的推移，这样的图画越来越多，画得也就不那么逼真了。毕竟不是每个人都是绘画高手，能够准确地再现绘画对象的轮廓与线条。而且，每次表扬自己又捕到一头牛，都要把牛画一遍，开始还新鲜，后来就腻了，画个牛角，大家都知道那代表牛就行了。这样，图画逐渐向文字方向偏移，最终导致文字从图画中分离，分成了作为艺术的图画和变成文字符号的图画文字。

图画文字进一步发展为象形文字。

从先前炎黄大战的故事中我们已经知道，那时的黄河流域有许多的部落，当部落壮大的时候，与其他部落的势力相接触，彼此之间征战和交流比以往更加频繁。然而，各个部落的图画文字并不一致，交流起来自然格外困难。这种困难肯定给黄帝留下了深刻的印象，作为黄帝部落的首领，在战争期间，他要下发多少命令，收到手下多少战报啊！而且，那来自各地的战报用不同的图画文字写成，睿智如黄帝也头疼不已。因此，黄帝打败蚩尤和炎帝，组建了中国历史上第一个部落联盟之后，他急切地希望各个部落的图画文字能够集中、统一和规范起来。所以，仓颉所承担的任务和所做出的功绩是：广泛搜集民间已有的图画文字加以整理，系统地创造了象形文字。

象形文字是汉字的始祖。史书上说，仓颉造字以后，"天为雨粟，鬼为夜哭，龙乃潜藏"。意思是说，天上下起了小米，就像下雨一样，这是因为大家都能学会种田了（这就是后世二十四节气中"谷雨"一词的来历）；鬼呢，因为害怕罪行被记录，在夜里偷偷地哭；龙也只好悄悄藏起来，怕被人看见，描写下来，丢失颜面。

仓颉所整理的象形文字显然不是中国最古老的文字。那么，象形文字之前的是图画文字吗？有真实的证据吗？

最近几十年，中国考古界先后发现了一系列与汉字起源有关的出土资料。这些资料包括原始社会晚期及有史社会早期出现在陶器上面的刻画或彩绘符号，另外还包括少量的刻写在甲骨、玉器、石器等上面的符号。学者们把这些符号统称为陶文，或者陶符。

陶文，顾名思义，是刻画在陶上的。陶器是用黏土或陶土经捏制成形后烧制而成的器具，在距今一万年前的新石器时代就已有简单粗糙的陶器。在原始社会，陶器是一种常见生活用品。中国在制作陶器及瓷器方面非常有名，中国的英文名字"China"本意就是指陶瓷。

随着制陶工艺的提高，原始人在烧制前往陶器上绘制各种图画，也许是出于对原始艺术的追求，也许是出于原始宗教的需要，总之，他们开始探讨如何将陶器制作得更为美观。他们画上图案，也可能写上字符。千百年后，考古学家在各类遗址中，发现了数量众多的陶器碎片，有些陶片上有莫名的符号。这便是考古学家梦寐以求又伤透脑筋的陶文。

中国已经出土了相当多的陶文。

1993年出土的高邮陶片格外引人瞩目。这片磨光泥质黑陶盆口沿残片，只有4平方厘米大。残片上刻有八个类似文字的刻画符号。左行四字，以直线为主，横平竖直，结构有序，近似甲骨文；右行四字，类似动物侧视图形，第一个似兽，第二个像鱼或鳖，第三个如蛇，第四个若鸟。左文右图，看上去就像今日教小

高邮陶文的拓片临摹图

孩子认字的图画书。如此图文并茂的刻文陶片，在中国还是首次发现，其重要性不言而喻。

考古学家从形体上推定高邮陶文为早于甲骨文的一个文字体系；从其文字组合来看，比较成熟，似成词语，并已脱离了单个字节的阶段，更接近后期成熟的甲骨文，因而这些文字符号被有关古文字专家称为"对探究中国文字的起源十分重要"。但也因此可以认定，高邮陶文不是最早的汉字。

"丁公陶文"是山东大学考古实习队在邹平县丁公龙山文化遗址中发现的。文字整齐地刻在一件泥质磨光灰陶大平底盆底部残片

的器内面，计有5行11个字。这块陶片长4.6~7.7厘米、宽约3.2厘米、厚0.35厘米。右起一行为三个字，其余四行每行均为两个字。这些刻文笔画流畅，独立成字，刻写有一定章法，排列也很规则，已经脱离了符号和图画的阶段。全文很可能是一个短句或辞章。文字中除一部分为象形字外，剩下的可能是会意字，表现了一定的进步性。有学者认为这是山东龙山文化时期（距今4600年到4000年）使用的文字，在时间上与传说中的黄帝时期很接近。或许，仓颉所整理的就是这些图画文字。黄帝和他的手下就曾经使用过这些陶文。

半坡陶符的历史比丁公陶文更为久远。1952年，在陕西西安的半坡村发现了距今6000年的30个文字符号，这些文字符号刻画在陶钵口沿上。经过分析、整理和辨识，发现这些文字符号大部分是象形文字，可以分成两套，并且都是表示1~9数字的，其中有一套数字是利用象形的方法创造出来的。有学者认为，半坡的文字符号已达到相当成熟的地步，它们已成为汉字的字形并为造字方式确定了基本框架。还有学者据此认为数字早于汉字出现，文字的初始，并非是为记录语言而产生的，是以计数、记事为其开端的。

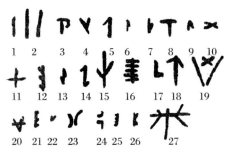

半坡陶符是数字的始祖

再往前追溯，就必须提到贾湖契刻符号了。

　　1987年，河南省文物研究所在舞阳北22千米贾湖村东侧裴李岗文化遗址中出土了契刻有符号的龟甲、兽骨、石器和陶器，这些符号被称为贾湖契刻符号，共17个。其中龟甲上刻符9例，骨器上刻符5例，陶器上刻符3例，均为利器契刻而成。这些符号契刻于距今8000年前。

　　从其形状看，具有多笔组成的结构，应承载契刻者的一定意图，而不是随意乱刻的。专家研究，刻符结构为横、点、竖、撇、捺、竖勾、横折等笔画，书写特点也是先横后竖，先左后右，先上后下，先里后外，与汉字基本结构相一致。有些契刻符号的形状与商代甲骨文有许多相似之处，如形似眼目的"目"，光芒四射的太阳纹等。

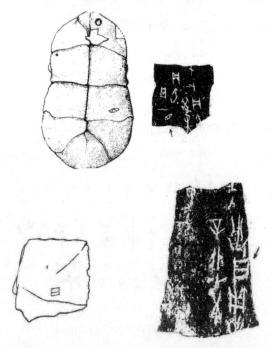

贾湖契刻符号（左）与殷墟甲骨文（右）的对比

专家研究认为，八千年前的贾湖契刻与比它晚四五千年的殷墟甲骨文有着惊人的相似之处，一是书写工具相同，皆以利器为工具把符号刻在龟甲、骨器上；二是作用相同，商代甲骨文是用来记载占卜内容的，而贾湖契刻也与占卜有关；三是造字原理相同，贾湖契刻是事理符号，而甲骨文的事理文字很多。

可以想见，文字在中国的形成经历了一个缓慢而长期的发展过程，绝非一时一地一人可以完成的。现在，学者们将汉字的源头追溯到了八千年前。然而，那就是汉字的最初起源么？不一定，也许将来考古工作者还能发掘出更为古老的汉字呢。

而且，对这些陶文的性质，学界的看法其实也不统一。有人认为是"记号"，有的认为是"具有文字性质的符号"，而有的学者则认为虽然目前还不能确认这些文字具体是什么含义，但已具有一种"标记"和"表号"的性质，已属文字范畴，是汉字的雏形。

不过，陶文与汉字有渊源关系，这是确凿无疑的。

那些刻画在陶器上的符号，就是今日汉字的远祖。

堆石记事、结绳记事等都只是辅助记事的方法，本身并不能直接发展为汉字，但在汉字的诞生过程中起到过一定作用。汉字是沿着原始图画—图画文字—文字符号—陶文这样一条路线发展而来的。然而，对于8000年的历史，这样的路线就过于简单了，它忽略了其中的艰辛，其中的反复，其中的歧途，其中的智慧，其中的鲜血和生命。

也许最初只是沙地上的几条划痕，也许最初只是岩壁上的几下涂抹，也许最初只是石块上的几点墨迹，最终汇集成描画在陶器和瓷器上的陶文。就像森严肃穆的连绵雪山在春天里渐渐融化，从最初的涓滴，经过条条山间小溪，汇集成为长江黄河的初始河段。你要问我，哪里是长江黄河真的源头？我只能指着那连绵的雪山说：
这里是，这里是，这里也是。

陶文简单不成型，甚至可能只有单字，还无法连缀成句表达一
个完整的意思，但它毕竟是汉字这条大江大河的第一次奔流。

总之，汉字是独立起源的一种文字体系，不依存于任何一种外
族文字而存在，但它的起源不是单一的，而是经过了多元的、长期
的磨合，原始人在广泛吸收、运用早期符号的经验基础上，创造性
地发明了用来记录语言的文字符号系统。

除了仓颉造字外，关于汉字起源，还有好几个传说。较为出名
的有：

伏羲八卦说　伏羲是传说中上古时期的部落首领，据考证，年
代在黄帝之前，属于三皇时期。传说中，伏羲是根据八卦推衍出汉
字的。八卦又是怎么来的呢？传说，洛阳东北孟津县境内的黄河中
浮出龙马，背负"河图"，献给伏羲。伏羲依此而演成八卦，后为
《周易》来源。因此，伏羲八卦说其实是说汉字是神仙授予中国人
的。其本质，是把汉字的起源神化，否定了普通人在其中所起的
作用。

神农结绳说　神农也是上古时期的部落首领，神农尝百草的故
事尽人皆知，神农也是三皇之一（三皇具体是指哪几个，史书说法
不一。《尚书大传》说三皇指燧人、伏羲、神农）。在另一个传说
里，神农因为结绳记事很麻烦就发明了汉字。从先前的分析看，结
绳记事本身是不可能产生汉字的。传说的本质，依然是圣人造字，
以利天下。

迄今为止，依然没有找到荀卿之前记录仓颉的文字记录，但这
丝毫没有妨碍中国人对于仓颉的尊重和崇敬，不但称其为仓圣，还

建造千年香火不断的庙宇予以敬拜。

仓颉庙位于陕西省白水县城东北35千米处的史官乡，是国内仅存的纪念文字发明的庙宇，2001年6月被国务院批准为国家级文物保护单位。

仓颉庙历史悠久，根据史料记载，早在东汉延熹年间（158—166）已有"建庙之举"并形成一定规模。所以，有文字可考的庙史已有1800余年，无文字记载的历史，据民间传说，则可上溯至黄帝时代。庙内现存建筑年代多为元、明、清三个朝代的，其装饰华丽，地方色彩浓厚。

仓颉庙内历代碑石众多，虽经战乱多有散失，现保存下来的仍有18通，阵列于前殿之内。仓颉庙的碑石无论从历史上，还是从书法艺术、文物价值上，都是仓颉庙古文化艺术的重要组成部分，它历经了各朝各代，不但从中可以看出碑碣的发展过程，而且是一部完整的仓颉庙史。石碑年代从东汉起，历魏、五胡十六国、唐、宋、元、明、清至民国。早期的有东汉延熹五年《仓颉庙碑》，是金石学上的珍品，还有五胡十六国时的《广武将军碑》、唐《仓公碑》、宋代《大宋仓公碑》等。近代有于右任先生、陶峙岳将军、朱庆澜将军题写的匾额、对联等，均留存于庙内殿堂之上。

清乾隆年间《仓圣鸟迹书碑》是白水知县梁善长将仓颉所造文字遗存的二十八个字摹制而成。这二十八字在宋时被破译为"戊己甲乙，居首共友，所止列世，式气光名，左互×家，受赤水尊，戈矛釜芾"。二十八个字的本身已含汉字构成法中的象形、会意等，如其中的"列""气""尊"等都含有这两种构字法，还有一些字与甲骨文相同。

碑上二十八字表面上各不相关，但经仔细研究，却记载了黄帝时的一段历史。由五行八卦说分析：东为甲乙木，中央戊己土，据《史记·五帝本记》载，炎帝有圣德，以火德王，黄帝有土德之瑞，土为黄色，所以称为黄帝，居于涿鹿，位于中央位置，所以"戊己"代表黄帝，"甲乙"代表炎帝。"居首共友，所止列世，式气光名"，记述炎黄二帝同为部落首领，他们的所作所为均是天下各个小部落的楷模。"左互×家，受赤水尊，戈矛釜苐"，记述了黄帝征服炎帝和平定蚩尤之乱，天下重新恢复安宁，百姓安居乐业，黄帝又成为天下部落首领。（考虑到五行之说起于战国时期，可以推测这个石碑应该是汉代的人附会伪造的。但汉代距今也有2000年了，该碑也是历史文物了。）

此外，庙院内古柏参天，东汉延熹五年之《仓颉庙碑》即载当时"庙内古柏郁郁葱葱"。仓颉庙院内整体树龄年代久远，树形奇异，与陕西黄陵、曲阜孔庙并称为中国三大古庙柏树群。

仓颉神像

　　白水县洛河以北的百十个村子，成立有专门的庙会组织，称为十大社。十大社轮流主办一年一度的仓颉庙会。庙会从清明开始，到谷雨结束，历时半个月。在谷雨前两天，村民会到庙里请回仓颉泥塑像、神楼和全副执事，置于村内显眼处，又请一剧团给仓颉神唱一天两晚的大戏，此谓"偏寨"，表示村民对仓颉优先祭祀。这一庙会也有1800年的历史。

　　对于仓颉的尊崇，其实尊崇的是汉字，尊崇的是汉字起源史上那无数个仓颉。

03　刻写在龟甲兽骨上的文字
——汉字成熟

◇ ┄┄┄┄┄┄

　　陶文问世以后，经过了数千年的发展，逐渐从缥缈的神话走进历史的现实。经过仓颉的整理之后，相信它也一度成为华夏族使用的主要文字。

　　黄帝之后还有四位著名的部落联盟首领，颛顼、帝喾、尧、舜，《史记》中称其为五帝。当时实行的是禅让制，前代领袖老了之后把位置让给贤能的人。舜就把位置禅让给了以治水闻名的大禹，然而大禹老了，却没有按照规定，把领袖的位置传给伯夷，而是传给自己的儿子启。启建立了夏朝，从那之后，"公天下"变成了"家天下"。

　　一般认为夏朝是多个部落联盟或复杂酋邦形式的国家，与后世的王朝相比，王权并不稳固，曾经多次迁都，所辖国土也不是很大。据《史记》所载，后世学者推测，夏朝建立于公元前2100年，共传十四代，延续约471年，在大约公元前1600年为商朝所取代。

但是，虽然中国传统文献中关于夏朝的记载较多，然而这些文献都成书较晚，最早也是其千年以后的春秋战国时期所著的，而且又没有发现公认的夏朝存在的直接证据，因此近现代历史学界一直有人质疑夏朝存在的真实性。在河南省西部和山西省南部发现的二里头文化具备了属于夏文化的年代和地理位置的基本条件，但由于一直未能出土同时期的文字记载，夏朝的存在性始终无法被证实。

难道夏朝不用文字？这可真是咄咄怪事。

事实上，这间接证实了文字的重要性。没有文字做证据，一个王朝都可以被怀疑不存在。

理论上讲，夏朝应该沿用仓颉整理并沿用的陶文，将文字装饰在各种陶器和瓷器上。当然，也可能是在甲骨上镌刻文字，还可能镌刻在青铜器上，因为传说中大禹铸九鼎，并在鼎身上镌刻九州之图。夏文字应该是介于古汉字初期比较原始的陶文与后期比较成熟的甲骨文之间的文字。然而，不管是哪一种文字，现在考古学家都没有找到。夏朝文字的真实面目到底怎样，这个关系到夏朝是否存在的大问题恐怕还只能等待考古界今后的新发现了。

夏朝之后是商朝，而商朝的存在，因为甲骨文的缘故而无人质疑。

在清代光绪年间，古董商、金石学家王懿荣，是当时最高学府国子监祭酒（相当于校长）。1899年的一天，他看见一味中药叫龙骨，看见上面刻着某种图案，好像是某种古文字。于是他把药店里所有的龙骨都买了下来，并把龙骨上那些奇怪的图案画下来。经过研究，他确信这是一种文字，而且比较完善，应该是殷商时期的。因为主要刻写在龟甲（以龟腹甲为常见）或兽骨（以牛肩胛骨为常见）上，于是称之为甲骨文。

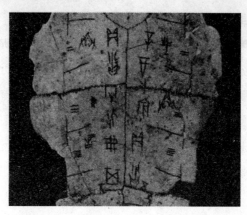

龟甲上的甲骨文

可惜，王懿荣还没来得及进行深入研究并著书立说，八国联军便逼近北京城，他被任命为京师团练大臣，负责训练军队。1900年7月，侵略军兵临城下，慈禧太后带领皇室人员仓皇出逃，王懿荣彻底失望了。他对家人说："吾义不可苟生！"随即写了一首绝命词，毅然服毒坠井而死。

后来人们称这位最先发现甲骨文的人为"甲骨文之父"。在甲骨文发现90周年的1989年秋，在他的家乡山东烟台市福山区建成王懿荣纪念馆，以纪念他的功绩。

王懿荣殉难后，他所收藏的甲骨，大部分转归其好友刘鹗（《老残游记》的作者）。刘鹗又进一步收集，所藏甲骨增至5000多片，于1903年拓印《铁云藏龟》一书，将甲骨文资料第一次公开出版。不久，学者孙诒让根据《铁云藏龟》的资料，又写出了甲骨文研究的第一部专著《契文举例》。

甲骨文引起学术界的轰动。古董商人为了垄断财源，对于所谓"龙骨"的来源秘而不宣，又先后谎称出自河南汤阴、卫辉等地。

直到1908年，学者罗振玉才首先访知甲骨出土于河南安阳的小屯村一带，于是他先派遣自己的亲属去安阳求购，又亲自前往安阳进行实地考察。罗振玉先后共搜集到近两万片甲骨，于1913年精选出两千多片编成《殷墟书契》（前编）出版，随后又编印了《殷墟书契菁华》（续编），为甲骨文的研究奠定了基础。

继罗振玉之后，许多著名的学者，如王国维、郭沫若、董作宾、唐兰、陈梦家、容庚、于省吾、胡厚宣等都进行了卓有成效的考释和研究，形成了一门专门的学问——甲骨学。董作宾、罗振玉、王国维、郭沫若并称为"甲骨四堂"，被誉为甲骨学研究的一代宗师。

甲骨文

由于弄清了甲骨出土的地点，从1928年秋到1937年夏抗日战争爆发时，中央研究院历史语言研究所考古组在小屯村一带进行了长达十年的15次考古发掘，不仅先后发现了总计24900多片甲骨，而且发现了商代后期的宫殿、宗庙遗址和王陵区，出土了大量珍贵的铜器、玉器、陶器，从物质文化上提供了殷墟为商代都城的证据。

殷墟发掘延续时间之长、规模之大、收获之丰，是中国考古史上罕见的。

为了纪念殷墟考古的伟大发现，1987年秋，安阳市在宫殿遗址区东北面修建了一座殷墟博物苑，复原和再现了3000年前殷王宫和一些建筑的风貌。

对殷墟近百年的考古，特别要提出来的是对甲骨文的三次重要的考证与发现：

第一次是1936年6月12日，在小屯村北宫殿区发掘出一个甲骨坑，保存着带字甲骨17096片，记录着商王武丁时期的许多活动。这批甲骨片的出土，对考证武丁时期的社会政治、文化、生活有极宝贵的价值。发掘时坑中还发现埋有一个身体蜷曲、侧卧的尸骨，其身躯大部分压在甲骨上，专家认为可能是档案库的看守人。

第二次是1973年，在小屯村南地又发掘出甲骨7150片，其中刻字甲骨5041片。与这批甲骨同时出土的还有陶器制品，这种甲骨与陶器共存的现象为甲骨文分期及殷墟文化分期提供了宝贵资料。

第三次是1991年秋，在花园庄东地发掘出一个仅2平方米的甲骨坑，但其叠压厚度却达0.8米，出土1583片甲骨，其中刻字甲骨有579片，记载内容丰富，而且问卜者都是武丁时期的王族成员和贵族。说明这个时期，占卜活动已不限于最高统治者国王，王室贵胄都可以利用占卜来预测吉凶了。

甲骨文是中国发现最早的文献记录，如今甲骨学已成为一门蔚为壮观的世界性学科，从事研究的中外学者有500多人，发表的专著、论文达3000多种。它在历史学、文字学、考古学等方面都具有极其重要的意义。

司马迁在《史记·殷本纪》中，详细记载了商王朝的世系和历史。夏朝末代天子桀残酷暴虐，夏朝的诸侯国商的首领商汤率众诸侯国于鸣条之战中灭掉了夏，后在亳（今商丘）建立商朝。之后，商朝国都频繁迁移，直到盘庚迁殷（今安阳）后，国都才稳定下来，在殷建都达273年，所以商朝又称为"殷"或"殷商"。但过去史学界许多人对这些记载将信将疑，因为没有当时的文字记载和留存的实物资料可作印证。

罗振玉研究甲骨，发现了刻有商王朝先公、先王的名字，证实了这些甲骨的出土地小屯村就是《史记》中所说的"洹水南，殷墟上"的殷墟所在地。此后，王国维对甲骨卜辞中所见的商代诸先王、先公，对照《史记》的记载进行了详细的考证，证实了《史记·殷本纪》的可信性。

殷商甲骨上文字的发现和认定，对20世纪20年代一些学者认为中国的可信历史始于西周的"疑古"思潮，予以彻底的否定。

这是甲骨文的价值之一。

商朝帝王非常迷信，以鬼神治国，例如十天之内会不会有灾祸，天会不会下雨，农作物是不是有好收成，打仗能不能胜利，应该对哪些鬼神进行哪些祭祀，以至于生育、疾病、做梦等等事情都要进行占卜，以了解鬼神的意志和事情的吉凶。凡事都要用龟甲或兽骨进行占卜，以得知吉凶祸福决定行止。占卜成了国家政治生活中的一件大事，朝廷设置了专门的机构和卜官。

通常先在准备用来占卜的甲骨的背面挖出或钻出一些小坑，这种小坑甲骨学家称之为"钻凿"。占卜的时候就在这些小坑上加热使甲骨表面产生裂痕。这种裂痕叫作"兆"。甲骨文里占卜的"卜"字，就像兆的样子。从事占卜的人就根据卜兆的各种形状来判断吉凶。

　　然后把占卜的有关事情（如占卜时间、占卜者、占问内容、视兆结果、验证情况等）刻在甲骨上，并作为档案材料由王室史官堆存在指定的窖穴之中。因此，甲骨上的卜辞成为研究商代历史的第一手材料，它反映了从公元前1300年到公元前1000年的社会生活的各个方面。

　　除占卜刻辞外，甲骨文献的内容涉及当时的天文、历法、气象、地理、方国、世系、家族、人物、职官、征伐、刑狱、农业、畜牧、田猎、交通、宗教、祭祀、疾病、生育、人文、灾祸……毫无疑问，甲骨文是研究中国古代特别是商代社会历史、文化、语言文字的极其珍贵的第一手资料。

　　这是甲骨文的价值之二。

　　显然，甲骨文的最大价值还是体现在它作为一种长期使用的成熟的文字体系上。

　　陶文是中国文字的雏形，经过几千年的孕育、发展，到了商代，中国的文字达到基本成熟阶段。这便是甲骨文。

　　从1899年甲骨文首次发现，到2012年，据学者胡厚宣统计，共计出土甲骨154 600多片，其中中国大陆收藏97 600多片，

　　台湾收藏有30 200多片，日本、加拿大、英国、美国等国家共收藏了26 700多片。到目前为止，识别出的单字约4 500个，已认出了其中2 500多字。

　　甲骨文具有一定体系并有比较严密的规律，刻画精湛，内容丰富，对中国古文字研究有重要作用。过去，古文字研究的主要依据是商周青铜器上的铭文，如东汉许慎的《说文解字》。甲骨文比《说文解字》要早1500年，而且它是来源于直接发掘出来的出土文物，可信程度更高，对研究汉字的起源和发展，纠正《说文解字》

的疏失，解决青铜器铭文中悬而未决的问题，都有极大价值。

鼠	牛	虎	兔
龙	蛇	马	羊
猴	鸡	狗	猪

甲骨文中的十二生肖

从字体的数量和结构方式来看，甲骨文已经是发展到了有较严密系统的文字了，不仅表现出字的数量多，材料丰富，还突出地表现在文字的造字方式已经形成了自己的特点和规律。4500个单字中，既有大量指事字、象形字、会意字，也有很多形声字。这些文字和我们如今使用的文字，在外形上有巨大的区别。但是从构字方法来看，二者基本上是一致的。汉字的"六书"原则，在甲骨文中都有所体现，横平竖直的文字书写特征也很明显。

尽管如此，甲骨文原始图画文字的痕迹还是比较明显，主要体现在：

（1）在字的构造方面，有些象形字只注重突出实物的特征，而笔画多少、正反向背却不统一。

（2）甲骨文的一些会意字，只要求偏旁会合起来含义明确，而不要求固定。因此甲骨文中的异体字非常多，有的一个字可有十几个甚至几十个写法。

（3）甲骨文的形体，往往是以所表示实物的繁简决定大小，有的一个字可以占上几个字的位置。

（4）因为字是用刀刻在较硬的兽骨上，所以笔画较细，方笔居多。

甲骨文中的异体字特别多

此外，因刻画材料的稀缺、刻画技法的专门性，甲骨文主要为王室纪事、占卜之用，很难在普通官吏与民众中普及，文字的作用大受限制。

饶是如此，也丝毫不能抹杀甲骨文的历史价值。

甲骨文还有三条令人意想不到的附加价值。

其一，由于甲骨文是用刀刻成的，而刀有锐有钝，骨质有细有粗、有硬有软，所以刻出的笔画粗细不一，甚至有的纤细如发，笔画的连接处又有剥落，而有的浑厚粗重。结构上，长短大小均无一定，或是疏疏落落，参差错综；或是密密层层，十分严整庄重，故能显出古朴多姿的无限情趣。因此，甲骨文对后世篆刻的用笔用刀产生了影响。

其二，从结构上看，甲骨文文字有变化，虽大小不一，但比较均衡对称，显示了稳定的格局。从章法上看，虽受骨片大小和形状的影响，仍表现了镌刻的技巧和书写的艺术特色。所以有人认为，中国的书法，严格讲是由甲骨文开始，因为甲骨文已具备书法的三个要素，即用笔、结字、章法。"甲骨书法"现今已在一些书法家和书法爱好者中流行，就充分证明了它的魅力。

其三，以前的学者，只是在书斋中研究碑文和铜器铭文，从不去田野里考察和发掘。真正由中国学术机关独立进行的田野考古，是从1928年民国政府中央研究院历史语言研究所考古组对殷墟的首次发掘开始的。它对中国田野考古学的产生和发展，都起到了奠基作用。中国老一代的考古工作者，绝大部分是在殷墟考古工地上成长起来的，新中国成立以后新一代的考古工作者，又基本上是由他们培训出来的。因此称殷墟是中国田野考古学的诞生地，确属当之无愧。

04 从甲骨文到史籀文
——汉字的第一次嬗变

◇ ⋯⋯⋯⋯⋯

　　商朝最后一位天子纣暴虐无情，为自己赢得了与桀一样的名声，后世形容暴君，就称之为"桀纣"。同商朝取代夏朝一样，周朝乘势取代了商朝，《封神演义》就用神话的笔法演绎了这段历史。

　　商朝以鬼神治天下，结果失去了天下，周朝吸取了教训，在姜尚的主张下，周朝以"礼乐"治天下。以鬼神治天下，需要占卜，甲骨文应运而生；以礼乐治天下，需要礼器和乐器，金文开始大行其道。

　　金文大多刻铸于青铜器之上。青铜器的礼器以鼎为代表，乐器以钟为代表，"钟鼎"是青铜器的代名词。所谓青铜，就是铜和锡的合金。中国在夏代就已进入青铜时代，铜的冶炼和铜器的制造技术十分发达。因为周朝把青铜叫作金，所以青铜器上的铭文就叫"金文"或"吉金文字"；又因为这类青铜器以钟、鼎上的字数最多，所以过去又称"钟鼎文"。

　　早在殷商初期，刻铸于青铜器之上的金文就已经出现了，最初只有寥寥数字，到商末铸有金文的青铜器日渐增多，然而所记写的内容非常简单，多为铸者或其先祖名讳。至商朝灭亡时，才有长文出现，然其时最长之文，仍仅有四十余字。

　　后母戊鼎是商代青铜器的代表。鼎通体高133厘米、口长112厘米、口宽79.2厘米，重达832.84千克，是已发现的中国古代最重的单体青铜礼器。以前称之为"司母戊大方鼎"，后来辨识出鼎腹内壁上铸的三个字为"后母戊"，更名为"后母戊鼎"。通过研究考证，"后母戊"是商王武丁的后妃妇姘（jìng）的庙号。

后母戊鼎的铭文

　　进入周朝，由于礼乐的需要，金文已经大大超越了甲骨文，成为基本成熟的文字系统。天子之事，如昭王南巡，穆王西狩等，多有记述。周平王东迁以后，铁器出现，广泛用于农业和军事，青铜器的礼乐功能进一步加强，因此金文得到了更为广泛的应用。不但天子之事，就是普通王公大臣之事，包括战功、律法、音阶等，皆有铸录，此时堪称金文的全盛时期。后世秦灭六国，以小篆统一文字时，金文方被禁绝。

　　从出现到禁绝，金文前后使用了1200多年。金文的字数，据容庚《金文编》记载，共计3722个，其中可以识别的字有2420个。

　　金文的内容是关于当时祀典、赐命、诏书、征战、围猎、盟约等活动或事件的记录，都反映了当时的社会生活。金文字体整齐遒丽，古朴厚重，和甲骨文相比，脱去板滞，变化多样，更加丰富了。文字数量也已经大大增加，基本可以叙述一件事情的详细过程了。在当时，诸多贵族每逢大事，便铸造特定形式的青铜器，将这件大事的来由刻铸在该青铜器之上予以纪念。最为著名的青铜器有：

虢季子白盘，是周朝时的盛水器，盘内底部有铭文111字，讲述虢季子白奉命出战，荣立战功，周王为其设宴庆功，并赐弓马之物，虢季子白因而制盘以为纪念。

大盂鼎，内壁铸铭文19行291字，记述了周康王二十三年九月册命贵族盂之事。

散氏盘，内底铸有铭文19行357字，记述了夨（dà）人付给散氏田地之事。

毛公鼎铭文拓片

毛公鼎，是西周晚期毛公所铸，清道光末年出土于陕西岐山（今宝鸡市岐山县）。鼎高53.8厘米，口径47.9厘米。圆形，二立耳，深腹外鼓，三蹄足，口沿饰环带状的重环纹，造型端庄稳重。铭文长达497字，是目前发现的字数最多的青铜器，记载了毛公衷心向周宣王献国策之事。其书法乃成熟的西周金文风格，奇逸飞动，气象浑穆，笔意圆劲茂隽，结体方长。是研究西周晚年政治史的重要史料。

有意思的是，殷商时期的金文是铸在青铜器的内侧，字体凹陷，是阴文，而周朝的金文大多是铸在青铜器外侧。根据在工场遗址所发现的大量模具，大致可以推断青铜器的制造过程，但是，怎样在内模上加上文字和图案，仍然是一个谜。由于在青铜器内侧的金文是凹进去的，因此在内模上的文字应该是凸出来的。加上对这些凸出来文字的技法，有各种不同的假设：有的学者说，是将溶成泥状的黏土，逐渐贴上；也有学者说在内模贴上薄黏土，再削去多余部分；还有学者说，是先在木片或龟甲上刻上文字，用黏土填满后，再将黏土移印至内模上。经还原实验，证明第三种方法可行，但是没有发现相关的物证，因此仍然只能作为一种假设。

古人的智慧和能力，真不能小瞧了。

此外，在金文蓬勃发展的周代，文字已经为相对多的人掌握，其余书写材料也大量出现于普通官吏以及国人（不是奴隶的平民）之中。皮张、丝帛、竹片、木板、石板、石块等等，都可能成为承载文字的物事。只不过王室贵族的官方书写形式的主流一直是青铜器。

西周末年，周王室已经露出颓败的迹象。周宣王的父亲周厉王，就是在著名的国人暴动（发生于公元前841年，这一年是中国有确切纪年的开始）后被流放到一个叫彘的地方，并最终死在那里。公元前828年，周宣王即位后，整顿朝政，使已衰落的周朝一时复兴。

周宣王做过的一件有历史价值的事情，就是命令一个叫作籀的太史对当时的文字进行整理。将此前的钟鼎文进行繁化，籀整理出大约九千字的官方制式文字，录于字书《史籀篇》，共计15篇，是以称史籀文。这是西周时期规模最大的一次文字整理。

清代的石鼓文拓片

　　唐朝初年，在天兴县陈仓（今陕西宝鸡）南的畴原出土了十个像鼓一样的石敦子，石敦子直径约一米，上小下大，顶圆底平似馒头。上面刻着十首如《诗经》一般的四言诗，因内容记载的是打猎之事，命名为"猎碣或雍邑刻石"。唐朝诗人韦应物看到石的形状像鼓，于是称之为"石鼓文"。

　　现在认为，石鼓文的文字形制便是早已失传的史籀文，因此后世也将史籀文称为石鼓文。但石鼓文到底是哪朝哪代所刻，还存在较大的争议。有学者认为是周宣王时期的刻石，也有学者认为石鼓系先秦之物，还有学者认为石鼓文刻于秦始皇一统天下之后。目前，这十个石敦存于故宫，岁月变迁，714字中仅有300余字能够辨认。

　　自有了最初的一批文字，汉字便以书写刻画材料的不同，而在各个时期呈现出不同的风貌。原因很简单，在不同材料上书写刻画文字，需要不同的工具，书写刻画出来的字形也不尽相同。最初的陶文是刻在陶器上的，甲骨文是刻在龟甲和兽骨上的，金文是刻在青铜器上的，而史籀文是刻在石头上的。陶文、甲骨文、金文和史籀文，并称为中国四大古文字。现在，只有极少数学者在对它们进行研究，也只能识别出其中的一部分，对于普通人而言，它们只是一种古老而神秘的存在。

05

古典文房四宝
——汉字为什么会变

◇ ....

公元前221年，历史上极为不平凡的一年。

这一年，秦王嬴政派大将王贲率军灭掉齐国，一统天下。

这一年，嬴政登基为皇帝，史称秦始皇。

这一年，秦始皇颁布诏令，推行"书同文，车同轨"，统一度量衡的政策。这一政策，影响了中国后世两千多年，直到现在，还有将来。

这里单说"书同文"。

什么叫"书同文"？简单地说，就是天下人都书写一样的文字。

事情要从西周的最后一位天子说起。

西周最后一位天子是周幽王，这位以"烽火戏诸侯"留名于后世的昏君最终死于他诱发的游牧部落犬戎入侵中。时间是公元前772年，西周灭亡。次年，周平王即位，将都城从被焚毁的镐京迁往东都洛邑，史称东周。因协助周平王东迁有功，秦襄公被周平王封为诸侯，赐封岐山以西之地。读过《封神演义》或者知道"凤鸣岐山"典故的人都知道，岐山以西原本是周王朝崛起之地，但在这个时候，那里被游牧部落占据着，秦襄公还得率领部下，攻打下来，才能建立名为"秦"的诸侯国。

周平王东迁之后，其势力进一步衰微，以至于礼崩乐坏，各个诸侯国纷纷坐大，称王称霸，相互倾轧征战，刀兵从未止息。现代学者为了方便起见，把公元前770年到公元前476年，称为"春秋时期"；公元前475年至公元前221年，称为"战国时期"。春秋和战国合计550年，共有的特点就是分裂、战乱，各国求富求强，寻找各种出路，因此文化上也激荡出"百家争鸣"。

各个诸侯国所使用的文字也走上了各自的发展道路。一方面增加了大量的文字，造出了许多符合实际需求的新字，使文字的表意功能惊人地丰富起来；另一方面书写形式多样化，书写材料也多样化。在不同材料上以不同工具书写不同国家的不同文字，其间生发的种种流变，远远超出了任何一国的控制。

这其中必须提到的就是简牍、毛笔、石墨和砚台的问世。

早期的文字刻在甲骨和钟鼎上，由于其材料的局限，难以广泛传播，所以殷商时期掌握文字的可能只有上层社会的百余人，极大地限制了文化和思想的传播，这一切直到竹简的出现才得以改变。

简牍多用狭长竹片或者木片制成。每片写字一行，竹片写的称为简，木片写的称为札

简牍就是这个样子的

或牍；将一篇文章的所有竹片编连起来，称为简牍。

简牍历史十分悠久，几乎与金文同时出现，但官方向来是把金文作为主流，而简牍在民间流行。一开始，简牍有很多缺点：竹条不好加工，大小长短不一；竹条不好保存，太冷太热都容易变形，还会被水浸、被虫咬。慢慢地，简牍的这些缺点被一一克服了。春秋时期，竹片的制作工艺得到了完善，比如要将青竹筒蒸煮过或者火烤，让其"发汗"脱水，这个过程被称为"杀青"，防止以后变形，这样制得的竹简也不易被虫蛀，且便于书写，因此也称竹简为"汗青"。后世也用汗青指代历史，文天祥的名句"人生自古谁无死，留取丹心照汗青"中的汗青就是这个意思。

那之后，竹简价格低廉、便于书写和修改（写错了用小刀削掉就行了，要是青铜器上的金文铸错了那可是杀头的大罪）、便于搬运和保存（相对于青铜器而言）、书写字数不受限制（想写多少就写多少）等优点显露出来，不但在民间大行其道，官方也渐渐地认可了这种新的文字载体。到战国时，简牍已经在实际上取代了青铜器的统治地位而成为官民通用的工具。在这一时期，竹片的长度也得到了统一，如写诏书律令的长三尺（约67.5厘米），抄写经书的长二尺四寸（约56厘米），民间写书信的长一尺（约23厘米）。

简牍对于后世的影响非常之大。除了典、册、删、汗青、韦编三绝、学富五车、汗牛充栋等字词与简牍有关，最大的影响就是汉字的书写顺序。狭长的竹简通常是单行书写。人的习惯总是纵向持狭长的物体，这样单行书写，一路向下。又因为左手拿简，右手书写，写完便按顺序放在右手侧，左手再去拿新简开始写，由此变成"先上后下，从右到左"的书写习惯。后世纸张发明之后，本来可以自由地书写，但书写习惯保留了下来。直到20世纪初，为了与国际书写习惯接轨，才改为"先上后下，从左往右"的写法。

从春秋时期到东汉末年是简牍最盛行的时期。

额济纳河流域的古居延地区（现属于内蒙古西部阿拉善左旗），在1930年和1972年两次发掘中，获得汉朝简牍三万余枚，是中国出土的最大宗汉代简牍。居延简牍中，最早的纪年简为武帝太初三年（前102），最晚者为东汉建武六年（30）。当时居延是驻军屯田之地，简牍内容涉及政治、军事、日常生活等各个方面，具有极高的科学、历史与文物价值。

居延简牍之一

在纸张发明后，简牍又与纸张并行数百年，直至东晋末年恒玄下令，简牍才真正走出历史舞台。

光有竹片还不行，还得有相应的书写工具。竹片刚出现的时候，人们是用竹签点漆，在竹简上写字，称为书契文。竹签虽然容易制作，但书写并不方便，因此古人开动脑筋，发明了更为方便的书写工具，这就是毛笔。

毛笔，相传是秦朝将军蒙恬首创。但照先前所说，简牍起源于西周，而蒙恬是秦始皇手下的大将，相差了近千年。不可能简牍发明了一千年而毛笔才出现。事实上，毛笔应该比简牍先出现。

有学者认为，中国人使用毛笔的历史，可以上溯至距今六七千年前的新石器时代。西安半坡遗址出土的陶器上人面纹、鱼纹、波折纹等，可能是用毛笔描绘出来的；河南安阳出土的商代甲骨上未经契刻的字迹，也有毛笔书写的痕迹。那些图画和字迹的笔画，具有软笔的特点：线条圆润流畅，有粗细肥瘦的变化。并且，甲骨文中多次出现了"聿"字，而且字形均为手握笔杆。部分甲骨文在被刻画之后，又被涂抹上了朱砂，而涂抹朱砂用的很可能就是毛笔之类的工具。最重要的是，有一块甲骨上，明显是毛笔沾朱砂直接书写了一个"文"字。这个"文"字，与今天的文字，一模一样。

不过，出土的实物毛笔，要远远晚于甲骨文时期。1954年，考古工作者在湖南长沙市左家公山的一座战国墓中发现了一支长约21厘米、直径约0.4厘米的毛笔实物。该毛笔笔头以优质的兔箭毛制成，毛长2.5厘米，笔杆为竹管。与后世通行的毛笔不同，笔头不是插在竹管套内，而是用劈开的竹管端部将笔头夹在其中，外缠丝线，再涂上油漆。

楚国毛笔（收藏于湖笔博物馆）

湖南在战国时属于楚国，出土的毛笔当为楚笔。许慎《说文解字》说："聿，所以书也。楚谓之聿，吴谓之不律，燕谓之弗。"也就是说，春秋战国时，各国都有自己的毛笔，只是称呼和做法不同。吴国叫"不律"，楚国叫"聿"，燕国叫做"弗"，而秦国叫

"聿"。

传说，秦国的"聿"最初就是蒙恬发明的。

公元前223年，秦国大将蒙恬带兵在外作战，他要定期写战报呈送秦王嬴政。

当时，人们用竹签写字，很不方便，蘸了墨没写几下又要蘸。一天，蒙恬打猎时看见一只兔子的尾巴在地上拖出了血迹，心中不由得来了灵感。他立刻剪下一些兔尾毛，插在竹管上，试着用它来写字。可是兔毛油光光的，不吸墨。蒙恬又试了几次，效果还是不行，于是随手把那支"兔毛笔"扔进了门前的石坑里。几天之后，蒙恬无意中看见了那支被自己扔掉的毛笔。捡起来后，他发现湿漉漉的兔毛变得更白了。他将兔毛笔往墨盘里一蘸，兔尾竟变得非常"听话"，写起字来非常流畅。原来，石坑里的水含有石灰质，是碱性的，经过浸泡，兔毛的油脂去掉了，变得柔顺起来。

就这样，蒙恬发明了毛笔。

相传蒙恬是在今天的浙江省湖州市善琏村发明毛笔的，在当地被人们奉为笔祖。又据说蒙恬的夫人卜香莲是善琏西堡人，也精通制笔技艺，被供为"笔娘娘"。蒙恬与夫人将制笔技艺传授给村民，当地笔工为了纪念他们，在村西建有蒙公祠，绕村而过的小河易名为蒙溪，蒙溪又成了善琏的别称。农历3月16日与9月16日是蒙恬和卜香莲的生日，村民们就要举行盛大敬神庙会，以纪念他们的笔祖。而善琏湖笔有两千年的历史，被誉为"笔中之冠"。

传说只是传说，蒙恬的功绩可能是改进了毛笔的制作工艺。

据记载，秦聿是用枯树枝做笔杆，笔毛有两种，鹿毛在中间，羊毛在周围，叫作苍豪。鹿毛硬而羊毛软，苍豪兼有硬豪和软豪的特点，应该看作后世"兼豪笔"的始祖。后来改用竹子做笔杆，就在"聿"头上加了竹字头，变成"筆"了，而这个字就是笔的繁体字。

湖北云梦秦墓中出土了三支竹管毛笔，用竹制笔杆，在笔杆前端凿孔，将笔头插在孔中，另做一支与笔杆等长的竹管做笔套，将毛笔置于笔套之中，再用胶粘牢。为取笔方便，笔套中间镂有8.5厘米长的长方孔槽，竹筒涂以黑漆，并绘有红色线条。可见，这支秦笔的制作已采用了一套完整的制作工艺，而且与现在的笔及其制法颇为相似，较之战国时期的楚国笔已大有进步。

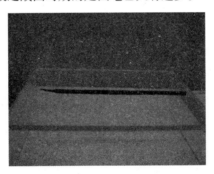

秦国竹管笔（收藏于湖笔博物馆）

在秦始皇统一中国后，秦笔的形制和称呼成为主流流传下来，而其他诸侯国的笔的形制和称呼都被淘汰掉了。

有了竹简，有了毛笔，还需要墨才能完成书写。

墨的发明大约要晚于笔。史前的彩陶纹饰、商周的甲骨文、竹木简牍、缣帛书画等到处留下了原始用墨的遗痕。文献记载，古代的墨刑（黥面）、墨绳（木工所用）、墨龟（占卜）也均曾用墨。据推测，那时只能利用天然墨或半天然墨来作为书写材料。

中国考古发掘出来公元前14世纪的骨器和石器上已有墨迹，还从湖北云梦县发掘出来战国时代的墨块。《庄子》中有"舐笔和墨"句，说明在春秋战国时代，已经开始大量使用墨了。不过，这里的墨并非现在的墨水，而是石墨。石墨实际上是一种"悉如墨"

的矿石。相信先民在寻找书写所用的颜料时是费尽心机的。很多矿物都能作为颜料，《山海经》一书中，经常在叙述某地时说其矿石呈什么颜色。朱砂就是著名的红色颜料，然而先民们最终把黑色作为书写的主要颜色，把石墨作为书写的原材料，肯定是因为石墨的产量大，价格便宜，书写的质量也较高。

　　石墨当然不能用来书写，是需要和水磨出墨汁才能使用，这就需要砚台。砚台的起源也很早，大概在殷商初期，笔、墨、砚粗见雏形。刚开始时以笔直接蘸石墨写字，后来因为不方便，无法写大字，人类便想到了可先在坚硬东西上研磨成汁，如石、玉、砖、铜、铁等。殷商时青铜器已十分发达，且陶石随手可得，砚乃随着墨的使用而逐渐成形。古时以石砚最普遍，直到现在经历多代考验，仍以石质为最佳。可以做砚的石头极多，我国地大物博，到处是名山大川，自然有多种石头。产石之处，必然有石工，所以产砚的地方遍布全国各地。

　　20世纪70年代末，在陕西姜寨新石器时代遗址中，出土了一套绘画工具，其中有石砚、研棒及砚盖，距今约7000年左右。时间在仓颉奉黄帝之命整理陶文之前。这足以证实汉字出现时间之早。

　　不过，那时的墨为天然矿石，因而砚还需用研棒辅助，才能将墨磨至细。砚这种附带磨杵或研石的形制从什么时候才开始发生改变，即取消磨杵或研石，而接近于现在的砚呢？目前所知，是在两汉时期。汉代由于发明了人工制墨，墨可以直接在砚上研磨，故不需再借助磨杵或研石研天然或半天然墨了。如此看来，磨杵或研石经过史前及夏、商、周共五千多年的漫长跋涉，才逐渐消隐，尽管今天已不为所用，但其为传播文化立下的功绩仍不可没。

　　至此，战国时代的文房四宝已经聚齐，按照发明时间的先后，分别是：毛笔、石墨、砚台和简牍。它们分工合作，各自完成了书写的不同环节，又共同完成了书写这一具有历史意义的重任。它们的历史长达数千年，是我国历史上使用时间最长的书写工具，是我们的祖先经过反复的比较和艰难的选择之后，确定的文化保存和传播方式。更为重要的是，它们第一次把文字从社会最上层的小圈子里解放出来，以浩大的声势，向更宽广的社会大步前进。

想想吧，《诗经》是写在简牍上的，《论语》是写在简牍上的，《孙子兵法》、《道德经》、《韩非子》是写在简牍上的，《孟子》、《墨子》、《庄子》等等都是写在简牍上的。

那是多么灿烂多么耀眼多么激越的时代啊！

06 秦始皇、李斯与小篆
——一次影响深远的汉字改革

◇ ⋯⋯⋯⋯⋯

　　当汉字从刻画（金文也需要先在黏土模型上刻画出来）变为在竹片上用毛笔书写，这本身就会带来汉字的改变。比如，在坚硬的龟甲或者兽骨上刻画，想横平竖直，其实是件很难的事儿，因此甲骨文的字体变化非常之大，甚至同一个字都有许多种写法，而用毛笔来写，横平竖直就要容易得多。此外，陶文、甲骨文和金文实际上都是掌握在统治者手里的，在夏、商、周时代，识字的人很可能只有数百人。只有在简牍出现之后，才有普通人识字和写字的可能。汉字在更大的范围里传播，这本身就会带来汉字的演变。

　　春秋时期，各大诸侯国的文字尚大体遵循着周王室颁行的史籀文规则。1965年，在山西侯马出土写在玉石片上的墨书文字，内容是春秋末期晋国世卿赵鞅同卿大夫间举行盟誓的约信，属于晋国的官方文书。侯马盟书是目前发现的最早的墨书文字。由于政治的需要，侯马盟书虽用毛笔蘸墨写而成，字体却仍用金文，只是在用笔和结构方面带有不甚明显的区域特征，并且不是写在竹简上，而是写在玉石上的，这很能说明当时官方对于书写的态度和要求。

然而，随着时间的推移，字体悄悄地发生了变化。这种变化在战国时期尤为明显。与春秋相比，战国时各国交往与征伐更为频繁，无论是外交还是内政，均有大量内容需要书写。1993年，在湖北省郭店出土了一批墨写的竹简，属于战国中期偏晚的楚国文字。与金文相比，在笔法和字形方面有较大的变化，多用圆笔，笔画多为弧形，因为这种字体学习更快，书写速度也更快。

到秦国灭掉六国、一统天下的时候，经过五百余年的流变，各诸侯国的文字已经有了很大的差异，天下已是"言语异声，文字异制，书体异形"，文字至少有七种形制，官民写法至少有八种。

与秦国的文字相比，其余六国文字的变化更大：一是六国文化长期兴盛灿烂，名士学人多若群星，文字的数量远远多于秦国文字；二是书写形式大为简约，体现出极大的书法艺术性与族群地域的个性特质，许多字的写法，几乎已经脱离了象形文字的基本形制。

秦国继承了周人的故地，久居边

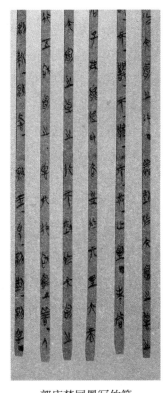

郭店楚国墨写竹简

陲，在很长的一段时间内与游牧部落杂居，过着半农半牧的生活，然而文字却原封不动地照搬周王朝的史籀文。后世王国维认为，春秋时期的秦国，将史籀文奉为标准教材，官府公文、民间纪事也是以史籀文为国家文字，这不是没有原因的。春秋时期，秦国贫弱，被其他诸侯国视为蛮夷，不与之交往；战国时期，商鞅变法之后，秦国强大，被其他诸侯国视为虎狼，也不与之交往。因此，秦国文字几乎没有受到其他诸侯国的影响。直到战国结束之时，秦国仍然使用的是西周王室整理颁行的史籀文。

　　秦始皇的父亲嬴异人在赵国为质子时生下了秦始皇嬴政，也就是说，秦始皇是在赵国度过的童年。后来，随父亲返回秦国，相信他一定见识了秦国与赵国在各个方面的不同，包括文字。后来，嬴异人登上王位不到三年就死掉了，谥号庄襄王。公元前247年，13岁的嬴政继承了王位。公元前238年，嬴政借举行冠礼（成年礼）之机，一举剿灭把持朝政的吕不韦和嫪毐两大势力，成为真正的秦王。从那时起，秦国就开始一统天下的灭国之战。

　　灭国之战自然是倾全国之力，各地公文与军队文书往来密集。每灭掉一个国家，该国的兵员、官吏、户籍、土地等资料会汇总到秦国，同时，秦国会把该国按照秦制设置为若干郡县。比如，公元前234年，秦国大举向赵国进攻，以所取的赵地建立雁门郡和云中郡。这当中，势必涉及人员的变动、官吏的分配和无数公文的往来。各国文字的差异，肯定会给嬴政留下深刻的印象。

　　嬴政又是一个勤于政事之人。《史记·秦始皇本纪》上记载说："天下之事，无大小皆决于上，上至以衡石量书，日夜有呈，不中呈不得休息。"也就是说，秦始皇每次批示的文书，是以石（约30.75千克）为单位，不批完一石，便不休息。一石简牍码起来

大约有一个人的高度。是以，秦始皇刚登基，就迫不及待地进行
"车同轨，书同文"的改革，并不是一时之间拍脑袋想出来的，而
是在长期的批阅文书的过程中，总结出来的。

当然，若说"书同文"全然是秦始皇一个人的想法也肯定不
对，而应该是当时的天下大势。当崩裂的国土日渐统一时，文字相
异带来的问题会更频繁，书同文是大势所趋。

但显然，"书同文"不是一件容易的事情。

很多故事书上说，秦始皇命令丞相李斯发明了小篆。这种说法
很不准确。第一，没有人能在极短的时间里发明一种文字，说整理
更为准确；第二，秦始皇登基颁布"书同文"的诏令是在公元前
221年，当时李斯并非丞相，而是"廷尉"，主掌刑狱，八年之后李
斯才当上丞相。

1976年，甘肃省庆阳市镇原
县文化馆的干部张明华以0.80元
的价格收购了一块刻有奇怪线条
的废铜。1996年9月，经国家文
物局专家杨伯达一行8人组成的
鉴定小组鉴定，认定这块废铜属
于国家一级文物，并正式命名为
"二十六年铜诏版"，简称"秦诏版"。

秦诏版拓片

据考证，秦诏版铸造于秦始皇执政时期，为长方形，铜质青
色，长10.8厘米，宽6.8厘米，厚0.4厘米，重0.15千克。它的四角
钻有四个小孔，是供人们将其固定时钉钉子用的。其正面是以秦小
篆铸成的，字体大小0.9厘米，竖五行，横八行，上下、左右结构
整齐。阴文书刻40字，即"廿六年皇帝尽并兼天下诸侯，黔首大

安，立号为皇帝，乃诏丞相状、绾法度量则不壹，歉疑者，皆明壹之"。其大意为：秦始皇二十六年（前221）统一了天下，百姓安宁，立下皇帝称号，于是下诏书于丞相隗状和王绾（当时的丞相有左右之分），依法纠正度量衡器具的不一致，使有疑惑的人都明确起来，统一起来。

古时帝王下诏书，将诏书内容刻在金属版（一般是青铜）上称为"诏版"，可以保存久远。《秦诏版》刻写于秦始皇二十六年，即秦王朝建立第一年。内容虽然是关于统一度量衡的，与书同文无关，但文字却是小篆的。也就是说，在公元前221年，官方文字已经是小篆了。那么小篆应该是在秦国一统天下之前很久就出现了。

草字的大篆和小篆写法

东汉许慎在《说文解字·序》中写到："秦始皇帝初兼天下，丞相李斯乃奏同之，罢其不与秦文合者。斯作《仓颉篇》，中车府令赵高作《爰历篇》，太史令胡毋敬作《博学篇》，皆取史籀大篆，或颇省改，所谓小篆者也。"这里的"史籀"指的就是先前提到的周宣王时太史籀整理而秦国一直沿用的史籀文。这里的"大篆"是与小篆相对而言的，其定义有狭义和广义之分，狭义的大篆只指史籀文，而广义的大篆包括以前的甲骨文、金文和其他诸侯国的文字。根据许慎的描述，小篆并非凭空出现，而是在大篆籀文的基础上，进行简化而创制的汉字书写形式。在这个过程中，李斯、赵高和胡毋敬三人起到了至关重要的作用。

那是否就能说，是李斯、赵高和胡毋敬三人创制了小篆呢？显然不是。想要改革文字，必须对当前使用的文字进行整理，这要包括战国时期主要的七个国家的文字，凭三个人的力量是不可能完成的。即使那时的字总数比现在要少，七国合计估计也在两万到三万之间。这需要数百位学识渊博者经年累月、跋山涉水、案牍劳形地搜集和整理。在此基础上，方能进行下一步——书同文。

书同文就是要给所有的字一个统一明确的写法，以利辨认。大凡天下文字，难写不打紧，关键是要好认，而好认的关键，是要有统一的公认的写法。只要写法有公认法度，再难认的字，也会有确定不移的指向。

事实上，小篆并非全新的事物。秦国虽以史籀文为正统写法，但在实际运用中，已经出现了相对的简化，并因为秦国的强大，到战国末期已经成为一种相对流行的文字。但因为流行，字体便因国因地因人而异，变化之多，超乎想象。因此，有必要予以统一。

具体怎么做呢？

首先，是要把已经简化的字挑选出来，如果一个字有多种写法，就选择其中最合适的作为标准字。其次，对于还未简化的字，是否需要简化，又该如何简化，按照什么标准简化，这都是需要动脑筋和争论的地方。

可以想见，要将勘定的天下两三万个字全部规范为小篆，其难度堪比高山顶上修长城。这同样需要数百位学识渊博者经年累月的思考和书写，绝对不是一两个人关在屋里可以完成的。

然而，那些经年累月工作的知识渊博者没有被历史记住，历史记住的是李斯、赵高和胡毋敬这三个人。按照许慎的说法，这三人所做的事情应该是：为了普及小篆，就按照小篆的书写要求，分别书写了《仓颉篇》、《爰历篇》和《博学篇》作为各地的学习课本。

　　李斯不但是中国历史上著名的政治家、文学家，而且是汉字书法史上第一位有名姓与作品流传的书法家。《书断》这样评价道：李斯篆书"画如铁石，字若飞动，作楷隶之祖，为不易之法"。泰山刻石是李斯的代表作。秦始皇统一六国之后，于公元前219年，在泰山封禅，命李斯书写的记功刻石，史称"泰山刻石"。石上原有144个字，加上秦二世时李斯再书写的78个字，总共222个字。两千年间风吹雨打，电闪雷击，"泰山刻石"逐渐崩裂风化，然而依然可见笔势雄强，刻画严谨。此外，传为由李斯书写的刻石还有琅琊刻石、会稽刻石、绎山刻石、碣石刻石、之罘刻石，等等，都是书法方面的杰作。甚至，传国玉玺上"受命于天，既寿永昌"这八个字也是由李斯用小篆写成。因此，李斯奉命书写《仓颉篇》，作为小篆的样书推广，可算是实至名归。

泰山刻石拓片

　　赵高是"刀笔吏"出身，在"秦宫管事二十余年"。中国历史上，大凡"刀笔吏"出身者，不仅要写得一手好文，还要写得一手好字。而且，赵高深得秦始皇的赏识和信任，从领诏担任胡亥（即后来之秦二世）的专职老师，到任职中车府令，掌管皇帝印玺、文书等，可谓一路飙升。是以，赵高奉命书写《爱历篇》，作为小篆的样书推广，也是理所当然的。

胡毋敬这个人的历史资料很少，曾在秦旧都栎阳担任狱吏，后为太史令。因为李斯担任过很长一段时间的主掌刑狱的廷尉，擅长书法的胡毋敬很可能就是李斯发掘并提拔的。在史书上，胡毋敬的名字只出现过一次，就是在论及小篆时他写过《博学篇》作为样书。

后世的人学习历史的时候，有一种简化的倾向。在小篆这件事上，胡毋敬先被简化掉了，然后是赵高。赵高在秦始皇死后篡改遗诏，将蠢笨的胡亥送上皇帝宝座，尔后大肆诛杀大臣和皇族，大肆征发民夫修建各种庞大工程，弄得民不聊生，官也不聊生。后世说的暴秦，一多半的事儿都发生在秦二世胡亥在位而赵高任丞相的时候，"指鹿为马"的故事不过是其中最为微末的注脚，说是赵高一个人毁掉了秦朝也丝毫不为过。这样一个人神共愤的坏蛋，怎么能参与创制小篆这样具有历史价值的大事呢？于是，赵高也被简化掉了，就剩下了李斯。

赵高夺权之后，以谋逆之罪腰斩了当初与自己一起篡改遗诏的李斯。在狱中，李斯写下《狱中上书》，以反话的方式自辩冤屈，称自己有十罪。其中第五罪为"更克画，平斗斛度量文章，布之天下，以树秦之名"。大意是说："我更改尺度衡器上所刻的标志，统一度量衡和文字，颁布天下，以树立秦朝的威名。"这说明李斯到死都充分相信自己在"书同文"等方面的工作是具有历史意义的。

后世流传李斯作小篆，大概是对冤死的李斯的慰藉吧。

至于那些在背后做了许许多多的搜集、整理、编撰和书写工作的普通官吏，早就被历史的烟尘所掩埋。

汉朝初年，闾里的书师合《仓颉篇》、《爱历篇》和《博学篇》

为一本书，断 60 字以为一章，凡 55 章，3300 余字，并改写成隶书，作为各地学堂的教材，统称《仓颉篇》。《仓颉篇》一直流行到东汉，有时又称为《三仓》。魏晋时，又增加《训纂篇》和《滂喜篇》，被称为《五仓》，同样作为学堂的启蒙用书。然而，内容不变，字体已经发生了巨大的变化。

　　小篆版的《仓颉篇》很早就失传了。现在零星发现了部分汉代竹简，其中现存字数最多的版本是阜阳汉简《仓颉篇》，共存 124 枚残简，不到全篇的 1/4。四字为句，有韵可寻，成句或不成句的不足 200 句，其第一章为：

　　　　仓颉作书，以教后嗣。幼子承诏，谨慎敬戒。

　　　　勉力讽诵，昼夜勿置。苟务成史，计会辩治。

　　　　超等轶群，出尤别异。初虽劳苦，卒必有意。

　　　　……

　　秦始皇下令创制小篆，其目的在于政令通畅，便于他的统治。然而，小篆的出现，却使得中华文明有了一以贯之的血脉。从那之后，汉字都是在小篆的基础之上腾挪变化，后世的隶书可以说是小篆的儿子，而楷书、行书和草书可以说是小篆的孙子。字体演化间，文明也得以不间断地传递。都说世界上有四大文明古国，中国是其中文明唯一没有断绝的国家，汉字的传承，在其中起到了不可估量的作用。

　　小篆不是中国第一次系统地将文字的书体标准化，如前所述，史籀文就比小篆早，然而小篆却是第一次依靠官方的力量，进行全民普及并成功的文字。与此前的文字相比，小篆给人以刚柔并济、圆浑挺健的感觉，在字形上呈长方形，结构往往左右对称。小篆的笔画较细，所以也有"玉箸篆"之称。总之，小篆的出现，是汉字发展史上的一大进步，对于汉字乃至中华民族的发展，都有着非凡的意义。

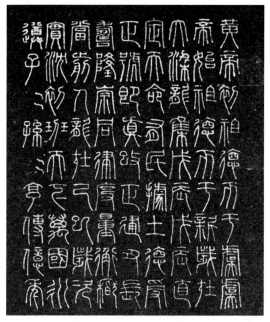

小篆是这个样子的

秦王朝从建立（前221）到被推翻（前207），不过短短14年，对中国历史的影响却是极为深远的。在秦王朝的废墟上，建立起了历史更为悠久的汉王朝。在政治制度上，汉承秦制，文化上也是如此，小篆被作为官方认定的文字继续推广和使用。不过，汉朝人对小篆做了新的规范，化长为方，改变了小篆修长圆挺的字形与风格。为做区别，李斯等人书写的小篆被称为"秦篆"，汉朝规范的小篆被称为"汉篆"。

小篆一直在中国流行到西汉末年（约8），流行了大概两百多年，才逐渐被隶书所取代。但由于其字体优美，始终被历代书法家所青睐，并没有完全退出历史舞台。

07 汉朝四书——汉字之所以叫汉字

◇ ⋯⋯⋯⋯⋯⋯⋯

　　简牍的出现，从根本上改变了汉字的书写，并进一步改变了汉字的字体。然而，简牍笨重、不方便书写的毛病一直没有得到根本性的改变。在简牍大行其道的时候，人们就开始寻找更为轻便的书写材料，又轻又薄的缣帛成为首选。

　　缣帛就是丝绸，这种写在丝绸上的文字被称为帛书，也叫缣帛文，还有人称之为缯书，因其色白，故又被称为素书。帛文大约起源于春秋时代，盛行于两汉，与简牍以及其后的纸并存了很长一段时期。缣帛柔软轻便，幅面宽广，宜于画图，这些都是简牍所不具备的优点。

　　马王堆汉墓出土的帛书，其高度基本上是缣帛的幅面宽度48厘米或其一半即24厘米，长度则"依书长短"而裁之。已发现的实物，有些是好几部著作写在一块帛上，例如《老子》甲本后、乙本前各附有其他四部著作。这是因为缣帛太过昂贵而不忍裁下之故。

马王堆缣帛《老子》局部

帛书的存放方式有两种，一种是将整幅的帛折叠为若干幅的长方形；另一种是将半幅宽的帛卷在2到3厘米宽的木条上。缣帛图书的书写十分考究，《太平清领书》是白绢上写字，用红色画直格，以青绢包头，用红笔写标题目录。后来纸本书中的"朱丝栏""乌丝栏"，就是借用了在缣帛上织成的红黑界栏。

但显然，缣帛造价昂贵，普通人用不起，就算是皇家贵族也不能随便使用。所以缣帛始终未能取代简牍作为记录知识的主要载体。古代文献中有关帛书的记载，也大都是与皇家、贵族藏书有关的。到晋代，纸普遍使用后，缣帛虽仍在使用，但基本上是作为某些重要文书，比如诏书，以及书法、绘画的材料。

简牍笨重而缣帛昂贵，使用上都不方便，古人继续寻找其他替代品。纸在这个时候进入了古人的视线。

范晔的《后汉书》记载："蔡伦，字敬仲，桂阳人也……伦乃造意，用树肤、麻头及敝布、鱼网以为纸。元兴元年，奏上之。帝善其能，自是莫不从用焉，故天下咸称蔡侯纸。"这是历史文献中最早的关于造纸术的记载。

但是，纸真的是蔡伦发明的吗？不是的。史书上记载了蔡伦之前就有纸张使用的例证。例如，在班固的《汉书》中，就记载了公元前12年用纸包药的事例。

更重要的是实物证据。1957年陕西省博物馆在西安东郊灞桥附近的一座西汉墓中，发掘出了一批被称为"灞桥纸"的实物，其制作年代当不晚于西汉武帝时代。之后在新疆的罗布泊和甘肃的居延等地都发掘出了汉代的纸的残片，它们的年代大约比蔡伦要早170年左右。但那时纸张质量较差，不利于书写，并没有得到广泛应用。

到了西汉后期，纸张的质量才有提高，而蔡伦正是在原始造纸术的基础上，对造纸的原材料和工艺进行了改进，制造出了质量更好的纸。蔡伦造纸使用的原材料是树皮、麻头、旧布、渔网等价格低廉的物料，这样造出的纸成本低，但质量很好。

公元105年，蔡伦将造纸过程、方法写成奏章，连同造出来的植物纤维纸，呈报汉和帝，和帝大加赞赏，蔡伦造纸术很快传开。人们把这种纸称为"蔡侯纸"，全国"莫不从用焉"。

蔡伦之前虽然有纸，但这无损于蔡伦作为重大改良者和完善造纸术这一发明的发明者的丰功伟绩。正是蔡伦的发明创造，使纸进入了它的实用阶段，并迅速、广泛地推广开来。特别是蔡伦扩大了造纸的原料范围，为以后广泛使用各种植物纤维造纸提供了思路。

蔡伦之后，纸的制造工艺进一步提升并多元化。汉献帝时，东莱人左伯又对造纸方法做了改进，进一步提高了纸张质量。他造的纸洁白、细腻、柔软、匀密、色泽光亮，纸质尤佳，世称"左伯纸"。

纸张很快取代简牍，成为新的也是我们现在熟知的文房四宝之一。

新文房四宝是：笔、墨、纸、砚。同时，造纸术与指南针、印刷术，还有火药，一起被誉为中国古代四大发明。

与简牍和缣帛相比，纸的优点可谓多多。它的原材料都是废弃之物，容易取得，价格低廉，使得纸张可以大量生产；它既轻且薄，方便携带，方便运输，不容易损坏，方便保管；用毛笔在纸上书写，纸张可大可小，比起在尺寸固定的竹片上写，自由得多，也容易得多。因此，在纸张出现之后，书写汉字，不仅仅是出于交流知识、传播文化和保存资料的需要，而是很快演变出一种举世无双的书法艺术。

与此同时，笔和墨也得到了进一步完善。

在秦朝，使用石墨这种天然矿石是主流，但人们已经开始人工制墨，用松烟和桐烟等烧制成胶状再制作成墨块。到汉朝，由于制墨技术的发展，出现了真正意义上的松烟墨，松烟墨的出现是中国制墨史上的一次巨大飞跃。从此，人们告别了使用天然墨的时代。

松烟墨的原材料是松树枝，经过烧烟、筛烟、熔胶、杵捣、锤炼等流程制作而成，工序较为复杂。其特点是浓墨无光，质细易磨，写出来的字字迹清晰，加上不同量的水又可浓可淡。好的松烟墨要选取十年以上的肥腻而粗壮的古松，经三冬四夏才能制成，还要加许多香料、烟叶等，以防虫蛀。现知最早的松烟墨，是在湖北云梦睡虎地秦墓和江陵凤凰山西汉墓发现的。魏晋之后，松烟墨和其他人工制作的墨完全取代了石墨，成为书写和绘画的主流，直至千年之后。

汉朝时毛笔也进入了一个新的发展阶段。

一是开创了在笔杆上刻字、镶饰的装潢工艺。甘肃武威磨嘴子东汉两墓中各出土一支刻有"白马作"和"史虎作"的毛笔。

二是出现了专论毛笔制作的著述。东汉蔡邕著《笔赋》，是中国制笔史上的第一部专著，对毛笔的选料、制作、功能等做了评述。

三是出现了"簪白笔"的特殊形式。汉代官员为了奏事之便，常把毛笔的尾部削尖，插在头发里或帽子上，以备随时取用。祭祀时也常在头上簪笔以表示恭敬。这种习惯甚至用到了墓葬中，"白马作"毛笔出土时就是在墓主头部左侧。

纸张、松烟墨与毛笔的共同进步，也影响到了汉字的演变，深深影响后世，直到现在仍然使用的四种字体，都在这一时期先后出现了。

李斯创制小篆的故事尽人皆知，然而，几乎是同时，另一个人创制的隶书在中国汉字史上意义更为深远。这样的两个人居然生活在同一时期，简直是一个奇迹。

那个人的名字叫程邈。

程邈，字元岑，生卒年不详，秦下邦（今陕西渭南东北）人。他是秦朝的一个小官，曾当过县狱吏，负责文书一类的差事。传说因他性情耿直，得罪了秦始皇，被关进了云阳狱中。他在狱中度日如年，无事可做，白白浪费时光让他觉得实在可惜，心想，何不干出一番事业来，以求赦免罪过？

可是，在狱中能干什么事业呢？这个问题一直困扰着程邈。当时正值秦始皇推行"书同文"政策，以小篆为全国统一文字。其时政务多端，文书日繁，用小篆写公文固然比以前方便许多，但小篆不便于速写，还是费时费事，影响工作速度和效率。程邈以前身为狱吏，深知小篆难以适应公务，他若能创造出一种容易辨认又书写快速的新书体，不是更好吗？脑子里有了这个想法，程邈便绞尽脑汁地琢磨，于是乎，他在监狱中一心钻研字体结构，做起文字学问来。

程邈把流传在民间的各种书体搜集在一起，潜心研究，一个一个加以改进。

这个时候民间有许多奇怪的字体。比如虫书，也叫鸟书，字头多为虫鸟状，是诸多喜好古文的人喜欢用的一种书法（有一种传说说仓颉发明了"鸟迹文"）；各国用于官印的一种刻画书法，叫摹印；各国官府为了彼此交涉而发明的一种相对通行的公文书法，叫署书，相对规整，并配以特殊印记；因为战事频繁，兵器工艺日渐提高，产量也需要大量增加，为保证兵器的质量，制造者需要在兵器上刻写自己的名字，这叫殳书，笔画比其他字体更为简约。而程邈作为胥吏（官府办理文书的吏员），接触得最多的是胥吏们为书写快捷而创出的一种书法。

程邈将各种字体放在一起研究，以胥吏们的字体为主，删繁就简，去粗取精，十年后，终于创造出书写便利又易于辨认的三千个字来。他把这一成果呈献给秦始皇。

秦始皇看了程邈整理的文字，非常高兴，不仅免了程邈的罪，让他出来做官，提升为御史，还公开推行程邈整理的文字。

这种新书体叫作隶书。与之前的大篆和小篆相比，字形变圆为方，笔画改曲为直，改"连笔"为"断笔"，从线条转向笔画，更便于书写，书写速度也更快。但正如刚才所描述的那样，程邈创造的所谓新书体，其实早在战国时就在各国民间流行使用。隶书的萌芽期当在周朝，如西周孝王时代的《小克鼎铭》，其笔法上就已初露隶书的端倪。到战国时期，汉字开始了由篆向隶的转变。

1980年在四川省青川县城郊郝家坪发掘出土的青川木牍是我国目前所能见到的最早隶书。木牍上三行墨书为战国晚期秦武王二年（前309）的手迹。此木牍纵有行、横无格，字距大、行距小，字形方扁，取横势。用笔的动势和笔迹清晰地表现出起止时回锋和出锋的变化，向右方的末笔已显露波挑之势。作为大篆快写趋向隶书的过渡期作品，青川木牍还夹杂着许多篆体字，显示了与其隶变母体——同时代金文的一致性和延续性。这些都是早期隶书明显的特征。

青川木牍上写着中国最早的隶书

1986年发掘出土的甘肃天水放马滩战国秦简，与青川木牍相比，年代稍晚，字体显得粗重草率，但笔意大致相同。简中横画均藏锋起笔，收笔有向右发锋的波挑意，反映了同期古隶的共同特征。

1975年发掘出土的湖北云梦睡虎地秦简，成书于战国晚期至秦统一初期。从简中可以看出其脱胎于秦篆，形体中仍保存有大量的母体痕迹，篆隶混杂。尽管仍留有大量的篆书圆笔中锋的笔法，但与青川木牍相比，隶化的特征更为明显。汉代隶书中的掠笔、波挑、不同形态点的笔法等在简中都已出现，部分简上还有明显的连笔意识。

从青川木牍、天水放马滩秦简、云梦睡虎地秦简，我们可以清晰地看到秦篆至隶书的演变过程。

这充分说明，生活在公元前220年左右的程邈只是对当时已经存在的隶书进行了比较全面的收集和系统的整理加工，去杂取精，进一步规范罢了。

可是，秦始皇先前不是推广过小篆吗？现在又怎么推广隶书了？小篆和隶书不会打架吗？

秦始皇是这样解决的：小篆为公文，为书文，为契约文，效用在便于确认。隶书为辅，效用在快捷便事。至于民人士子人各互书，则听任自便。

为什么叫隶书呢？千万不能望文生义，以为隶书是奴隶所写的字。更常见的说法是，由于程邈的官职很小，属于"隶"，所以人们就把他编纂整理的文字叫隶书。但这种说法依然不准确。《说文解字》中解释"隶"的意义是"附着"，《后汉书·冯异传》则解释为"属"，这一意义到今天还在使用，现代汉语中就有"隶属"一词。事实上，隶书是"佐助篆所不逮"的，也就是如上一段所说：隶书是小篆的一种辅助字体。

　　但隶书的历史价值并没有因为当初定位为辅助字体而降低。

　　隶书的出现，是我国文字史乃至书法史上的一次重大变革。从此，我国文字告别了延续数千年的古文字而开启了今文字，在形体上逐渐由图形变为笔画，象形变为象征，复杂变为简单，在造字原则上则从表形、表意到形声，字体结构也不再有古文字那种象形的含义，而完全符号化了。

汉隶的代表：《曹全碑》（局部）

　　秦朝初创的隶书，结体和用笔都带有篆书的意味，长扁不一，波磔也不明显，可以说只是篆书的潦草写法。现在称其为"秦隶"（也叫"古隶"）。到了东汉，隶书变化更为剧烈，结构向扁平发展，笔画出现了雄健的波磔，更趋于工整精巧，从而形成了"汉隶"（也叫"今隶"）的独特字体。汉隶用笔富于变化的特点，又影响和促进了楷书和其他书体的形成及风格的多样。

　　隶书始于秦，成熟于西汉，鼎盛于东汉。汉隶的崛起，尤其是在东汉的兴盛与当时的历史有关。公元8年，王莽灭掉西汉，建立"新"朝。此人极端崇拜古人，想把整个国家改造成为《周礼》所记载的那样，就进行了一系列的改革，史称"王莽改制"。其中，在文字上，王莽倡行六体书，包括古文（即蝌蚪文）、奇字（一说是大篆）、篆书（秦篆）、佐书（即隶书）、缪篆（即摹印）、鸟虫书。本来，汉承秦制，官方以小篆为主，民间以隶书为辅，在较为权威、庄重的场合多用篆书，如铜器、印章、石刻、货币、瓦当等，而日常文书则多用隶书，如简牍等，已经同行并形成了范式近两百年，现在王莽却要一口气同步推行六种文字，并且，在不同的场合、不同的对象面前要使用与之对应的文字，这会引起多么大的混乱啊。

公元25年，光武帝刘秀灭掉王莽及其他割据势力，重建汉朝，史称"东汉"。在文字上，刘秀废除了新莽六书，官府行文一律是隶书。光武帝刘秀、汉章帝刘炟、汉灵帝刘宏，都是史籍有载的隶书名家，同时又是隶书的大力倡导者。上行下效，隶书取代小篆，从最初的辅助地位，跃居而成为文字的主流。

同时，隶书还派生出草书、楷书、行书等书体，为后世汉字和书法艺术的发展奠定了坚实的基础。

草书的历史比人们想象的还要悠久。

早在记录帝王公卿大事的商代甲骨文、周代金文里就有简笔和潦草的字迹。但若认为那就是草书就大错而特错了。草书有广义与狭义之分。在应急的情况下，比如是在起草文书稿件、记录他人谈话时，行笔快捷，笔画连带、省略，信手写的不规范的潦草的字，就属于广义的草书。这种潦草的字很难用于交流，时间久了甚至连写字的人也难以识别。而狭义的草书是指有一定的章法和规范的草写字体。这里要说的，就是狭义的草书。

现在一般认为，最早的草书是从隶书中发展而来，被称为章草。关于章草创于何时，历史上说法不一。大多数学者认为始于秦末汉初，秦代隶书与小篆同时并存，后秦隶取代小篆后，至西汉前期仍在通行，并已逐渐由秦隶向汉隶演化。章草就是在这个演化过程中产生的。

章草或称隶草，最初在民众之间和非郑重场合下使用，还不被官方重视，到西汉前期逐渐扩大使用范围后，被皇家引进，成了处理公事的"急就"字体。许慎《说文解字·序》中讲"汉兴有草书"，这里的草书，即指章草。现在可看到的最早章草，是汉元帝时黄门令史游的《急就章》。

章草字体具隶书形式，字字区别，不相纠连。历代对章草的名称有不同的说解。有说因汉末史游《急就章》有草书写本而得名；有说汉章帝爱好草书，曾下令用草书作奏章，甚至认为是章帝创造的草书，因而得名；也有说以章法之章与章程书、章楷的章同义，符合早期草书略存八分笔意，字与字不相牵连，笔画省变有章法可循的事实。最后这种说法得到了多数学者的认可。

章草既具有法度的规范性，又具有很大的灵活性，其基本内容包括以下三个方面：一是笔画省略，结构简便；二是以点画作为基本符号来代替偏旁和字的某个部分；三是草书的笔画之间、字与字之间相互连带呼应，是便于快捷书写和便于表达书者情感的书体。

草书的第二阶段叫今草。今草由章草演化而来，今草前期是在章草的基础上加快行笔，增多圆环，勾连盘纡，偏旁相互假借而成。

谁是今草的创立者？一般都认为东汉张芝对今草创立有极大贡献。

张芝，字伯英，敦煌酒泉（今甘肃酒泉）人，东汉末，桓帝、灵帝、献帝之间的大书法家。张芝学书极为刻苦。《四体书势》说他"临池学书，池水尽墨"。张芝师承章草之草法而弃其隶笔，自创一笔飞白草，系今草之创始人，时称"草圣"。

张芝《冠军帖》又称《知汝帖》，是今草的代表作。其草书的体势，可谓一个字的屹立部位，都险象丛生，而太多带有险笔的，又妙在险中扣稳，使字的屹立、平衡有静有动，似玲珑美女之姿，真是神乎其技。难怪后人称张芝为"超前绝后，独步无双"的"草圣"。可惜，张芝无墨迹传世，仅北宋《淳化阁帖》中收有他的《八月帖》等刻帖。

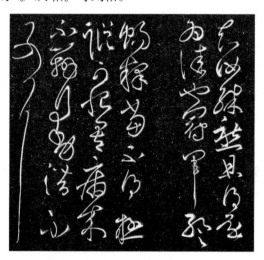

后人摹写的张芝《冠军帖》

楷书，又叫正书、真书。自创始至今，两千多年来一直通行中国。奇怪的是，我们对它的创始人却知之甚少。历代多数学者认为楷书的创始人叫王次仲。

王次仲大概生活在东汉建初年间（76—84）。隶书还有很多古字的元素，复杂费事，王次仲将其改造为简便易行的楷书，完全摆脱了古字的影响。

为什么叫楷书呢？一种说法是，传说孔子墓上，他的学生子贡种了一株楷树，枝干挺直而不屈曲。而王次仲所写字体笔画简爽，犹如楷树之枝干也，所以叫楷书。当然，这种说法很可能是后人附会上去的。楷书的楷应该是楷模、法式、模范之意。意思是说，王次仲所书的楷书工整规范，很容易作为学习的榜样，对于汉字的推广，意义非凡。你看，现代人练字，也是照着前人的字帖描红与临摹。与前面的几种字体相比，楷书在这方面的价值更为明显，因此得到了最大范围的流行。

从现在的各种考古资料可以看出汉字的形体变化。直到楷书出现，汉字才确定为今天方块字的形象。

古书又说，王次仲"字方八分"。唐宋至今，有从八字的字形、从分字的字义等方面所作的解说，大多属于穿凿附会。事实很简单：甲骨文、金文、小篆、秦隶和早期的汉隶都属竖长型，"字方八分"当是说王次仲所写的字的高度有一般汉隶的八分，因此有人又把王次仲所写的字体称为"八分"。而汉字自此从竖长型转变为后世通行的方形，成为真正意义上的方块字。

很遗憾，王次仲并无真迹留存于世。

汉灵帝熹平四年（175），蔡邕将儒学经典《周易》、《尚书》、《鲁诗》、《仪礼》、《公羊传》、《论语》、《春秋》七种经书，刻石立于洛阳城南的开阳门外太学讲堂，共四十六块碑，约20万字，史称《熹平石经》，被认为是最接近"八分"字体的历史真迹。可惜，石碑在战乱中被损毁。现代人马衡汇编撰《汉石经集存》，存了八千余字，能大略地体会《熹平石经》"字体方平正直，中规入矩"的特点。

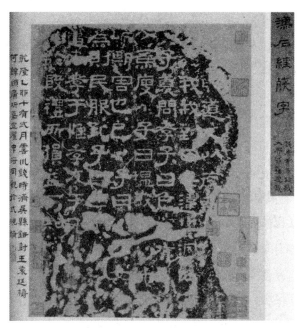

清代人保存的《熹平石经》拓片

前面已经说过，史载王次仲是东汉建初年间的人。有意思的是，很多故事里把王次仲和秦始皇联系在了一起。一个故事里说，王次仲把"八分"字体献给秦始皇，秦始皇大喜，邀请王次仲出山当御史。可王次仲看不起秦始皇，就拒绝了。秦始皇大怒，命人去抓王次仲，结果王次仲跳河自杀了。在《太平广记》里，王次仲成了神仙，秦始皇派人来抓他的时候，他变成大鹏飞走了。考虑到王次仲和秦始皇相差近300年，这个献"八分"的故事前半段与程邈献隶书如出一辙，结局却迥然相异，大概是后世人编撰来讥讽秦始皇的专制暴政的吧。

不管怎么样，王次仲为中国书法做出了巨大贡献。后来，人们为了纪念他，还专门修了王次仲庙，每到节令都去祭祀一番。

小篆、隶书、楷书的法则森严，使其书写不够快捷，而草书的简约随意，又使辨认不易。人们需要一种既书写便利，又便于识认的新书体。这个任务落到了刘德升头上。

刘德升，字居嗣，颖川（今河南禹州市）人，生活在汉末桓帝、灵帝时期。

刘德升自幼酷爱书法，一生钻研不辍，于各种书体均有建树。据史籍记载，汉末流行小篆十一种书写方法之一的"璎珞篆"，即为其"夜观星宿"后所创，此书体曾广为流传。而其毕生以书法影响后世者，首推其草创的行书。

刘德升草创的行书，字体妍美，风流婉约，务求简易，笔画从略，离方遁圆，浓纤间书，如行云流水，非常快捷，既不像楷书那么拘谨呆板，也不像草书那么狂放难认，一经问世就广受欢迎。

刘德升创制行书，对中国书法艺术的发展产生了深远影响。

现在认为，"行"是"行走"的意思，因此它不像草书那样潦草，也不像楷书那样端正。实质上它是楷书的草化或草书的楷化。楷法多于草法的叫"行楷"，草法多于楷法的叫"行草"。

行书正因其行云流水、书写快捷、飘逸易识的特有艺术表现力和宽广的实用性，从产生起便深受青睐，广泛传播。行书历经魏晋的黄金期、唐代的发展期后，在宋代达到了新的高峰，于各种书体中逐渐占据主流地位。纵观漫长的书史，篆书、隶书、楷书的发展都存在盛衰的变化，而行书则长盛不衰，始终是书法领域的显学。历代书法大家共同书写了行书发展辉煌灿烂的历史。

至此，隶书、草书、楷书和行书在汉朝全部出现。汉朝在中国历史上的地位无比崇高，可见一斑。汉字之所以叫汉字，汉族之所以叫汉族，汉服之所以叫汉服，就都是源自汉朝。

　　与陶文、甲骨文、金文和小篆并称四大古文字相对应，隶书、草书、楷书和行书并称为四大今文字。

　　那之后，隶书、草书、楷书和行书这四种字体并行发展，各领风骚，直到今天仍然广泛使用。

　　从本质上讲，隶书、草书、楷书和行书其实是同一种字的不同写法。其中，楷书工整规范，一直是官府公文和各类书籍的主流用字，科举制度建立后，也将楷书作为考试用字；普通人写字介于工整与潦草之间，多数可以看作是行书；而隶书和草书更多的时候，是作为个人爱好和书法艺术存在。

08　这是艺术——两千年汉字书法史

◇ ⋯⋯⋯⋯⋯

　　汉朝之后，汉字趋于稳定，没有出现断代，也没有出现剧变，当然也就没有出现过因前后两个时期的文字截然不同而无法辨识的情况。小篆、隶书、草书、楷书和行书等字体走上了各自的发展道路，但彼此之间并非隔绝，毫无联系。一对一的影响，一对多的影响，相互影响，循环影响，都是非常常见的现象。历史上的书法大家，往往都擅长好几种字体。也正因为如此，各个字体并没有最终演变为独立的文字，依然是汉字这个大家庭里的一员。

　　下面分门别类地简单介绍各个字体在汉朝之后的发展。你会看到，在这段长达两千年的历史中，书写不再只是社会交际与存留知识的方式，更多地体现为一种有着独特魅力与审美价值的艺术。

（1）小篆

三国至隋，小篆字体变化又有异于汉，以《天发神谶碑》为代表。《天发神谶碑》又名《天玺纪功碑》。公元264年，吴国的孙皓称帝。由于他残暴昏庸，政局日益不稳。为了稳定人心，孙皓佯称天降神谶文，命人刻碑于一巨大的圆幢形石上，立于江宁（今南京）天禧寺。

此碑是谁所作已不可考，而碑文的书写极为惊艳。它虽是篆书，但不同于以往的任何篆书。康有为曾惊叹为"奇书惊世"。其书起笔方重，有隶书笔意，转折处则外方内圆，下垂处呈悬针状，森森然如武库戈戟，憬然不可侵犯。后世篆刻家很受启发，多取此碑笔意入印。

唐代李阳冰创制了"铁线篆"。铁线篆是小篆的变体，它以圆熟优美的形体结构，施以毫厘不爽的线条，来成就铁线的定义。古人写铁线篆，极尽婉转流动之能事，到了近代，则参以方折劲峭的笔法，故能圆融与刚健相佐，视觉上既流畅又端凝。李阳冰的《城隍庙碑》是铁线篆的代表作。

李阳冰创制的铁线篆

清代邓石如的小篆以李斯、李阳冰为师，创造性地将隶书笔法糅合其中，大胆地用长锋软毫，提按起伏，大大丰富了篆书的用笔。邓石如的篆书线条圆涩厚重，雄浑苍茫，臻于化境，开创了清人篆书的典型，对篆书的发展做出了不朽贡献。

此外，因为小篆笔画复杂，形式奇古，而且可以随意添加曲折，不容易模仿，所以，在印章刻制上，尤其是需要防伪的官方印章，一直采用篆书。现代的《康熙字典》上大部分的字还注有小篆写法。小篆的生命力不可谓不强。

（2）隶书

汉朝是隶书的第一高峰。之后的三国两晋南北朝，隶书大多杂以楷书笔法；两晋之后，草书、行书、楷书等迅速形成和发展，隶书虽然没有被废弃，但变化不多，出现了一个较长的沉寂期。唐朝只有徐浩等少数书家以隶书出名。宋、元、明三朝的隶书也难振汉隶雄风。直至清代，在碑学复兴浪潮中，隶书再度受到重视，出现了郑簠、金农、邓石如、伊秉绶、何绍基等著名书法家，在继承汉隶的基础上加以创新。

其中，邓石如算得上是中国书法史上第一个真正意义上的职业书法家。他出身寒门，九岁便辍学谋生，后经人介绍，结识一个姓梅的大收藏家，在梅家居住八年之久，给邓石如艺术打下了坚实基础，是其艺术历程的重要时期，后至京师，得大学士刘墉赏识，声名益振。其书兼善各体，隶书成就最大，作品结体严整，具金石气，篆刻刀法苍劲浑朴，成就斐然，影响甚广。

（3）草书

草书在汉代就创制出章草和今草两个分支供后世研习，到唐代，书法家们又创制出更为自由、更为放纵的狂草。

狂草，笔势相连而圆转，字形狂放多变，在今草的基础上将点画连绵书写，形成"一笔书"，在章法上与今草一脉相承。

张旭，字伯高，唐开元、天宝年间（713—755）吴郡（今江苏苏州）人，官至今吾长史，故世人又称张长史。张旭平生嗜酒，性情放达不羁，往往酒醉后一边呼叫一边狂走，乘兴而挥毫。史书上记载，他曾经用头发濡墨书写大字，当时人们叫他"张颠"。

张旭的狂草左驰右鹜，千变万化，但不失法度，一点一画，皆有规矩，因为他的楷书亦有相当高的成就。张旭传世的作品不多，可见到的有《肚痛贴》、《古诗四帖》等。

另一位狂草大书法家怀素（725—785，一作737—799），字藏真，俗姓钱，潭州（今湖南长沙）人，幼年便出家当了和尚。他曾受张旭和颜真卿的影响，幼年学书，十分刻苦。"笔冢墨池"的成语典故就是由他所得。他的书法热情奔放、豪迈恣肆，如"飞鸟出林，惊蛇入草"。当时的诗人李白、钱起等都有赞美他书法的诗篇。

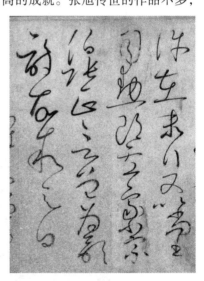

怀素《自叙帖》

怀素和张旭齐名。后世有"张颠素狂"或"颠张醉素"之称。他也能做诗，与李白、杜甫等诗人都有交往。他好饮酒，每当饮酒兴起，不分墙壁、衣物、器皿，任意挥写，时人谓其"醉僧"。

在张旭和怀素之后，历代都有草书大家出现，如宋代黄庭坚、明代祝允明、徐渭、王铎，清代傅山，现代林散之、毛泽东等。每一书家在继承前人的同时，又融进了自己的个性。

（4）楷书

三国时的楷书仍残留极少的隶笔，结体略宽，横画长而直画短。其中，魏国的钟繇不但是曹操手下的重臣，在书法方面也颇有造诣，是楷书的分支"小楷"的创始人。

小楷，顾名思义，是楷书之小者，与之对应的是大楷。笼统地说，1~2厘米的为小楷，5厘米以上的为大楷，两者之间的为中楷。比大楷大许多的楷书大字被称为"榜书"或者"擘窠书"。其中，小楷为后世读书人必需的书法，科举应试时，必须写小楷，而阅卷的人大半是先看字，然后再看文章。字如不好，文章再好也要受影响。因此，但凡科举出身的人，都写得一手精妙的小楷。

钟繇的楷书

钟繇其实是个全才，篆、隶、真、行、草多种书体兼工，写得最好的是楷书。钟繇所处的时期，正是汉字由隶书向楷书演变并接近完成的时期。在完成汉字的这个重要演变的过程中，钟繇继往开来，起了有力的推动作用。

钟繇之后，许多书法家竞相学习钟体。"书圣"王羲之就是其中之一，他将小楷书法更加以悉心钻研，使之达到了尽善尽美的境界，也奠立了小楷书法优美的欣赏标准。

东晋以后，南北分裂，书法也分为南北两派。北派书体，带有汉隶的遗型，笔法古拙劲正，而风格质朴方严，长于榜书，这就是所说的魏碑。南派书法，多疏放妍妙，长于尺牍。

唐代的书法，也如唐代国势的兴盛局面，书体成熟，书家辈出。在楷书方面，初唐的欧阳询（欧体）、中唐的颜真卿（颜体）、晚唐的柳公权（柳体），其楷书作品均为后世所重，奉为习字的模范。此三人与元朝的赵孟頫（赵体）并称为楷书四大家。

如果说汉魏是楷书的初始阶段，唐是楷书的成熟阶段，那么宋元就是楷书的延伸阶段。唐代楷书法度森严、结构严谨，到了宋元时期书法家们开始追求作品的美感，有的清秀俊朗，有的雍容典雅。明清时期，楷书趋于守成，众人争相研习前辈大师的杰作，少有创新。

（5）行书

在汉末，行书虽然已经出现了，但并没有普遍应用。直至晋朝王羲之的出现，才使之盛行起来。行书到王羲之手中，将它的实用性和艺术性最完美地结合起来，从而创立了光照千古的南派行书艺术，成为书法史上影响最大的一宗。

晋代王羲之，字逸少，是世上难得的才子。东晋穆帝永和九年（353）农历三月三日，王羲之和谢安等41人在绍兴兰亭修禊（一种被除疾病和不祥的活动）时，众人饮酒赋诗，汇诗成集，他即兴挥毫为此诗集作序，这便是有名的《兰亭序》。此帖为草稿，28行，324字。作者因当时天时地利人和，将书法效果发挥到了极致，其中有二十多个"之"字，写法各不相同。唐太宗尤其喜爱《兰亭序》，他命令臣下临摹多份，并立下诏书将《兰亭序》原本在他死后随葬，现在存世的只有摹本，最著名的是冯承素的摹本，因卷首有"神龙"小印，又称"神龙本"。其他的《兰亭序》摹本还有定武本石刻拓本和唐代书法家虞世南、褚遂良的摹本等。

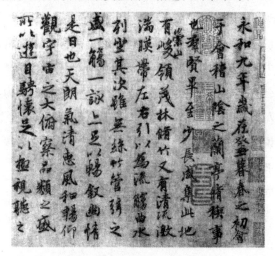

《兰亭序》摹本之一

由于唐太宗李世民酷爱王羲之的行书，大加提倡，更加稳定了行书在书法史上的地位，尤其是二王体系的行书，笼罩了整个唐代，成为一代风范。李世民本人也是行书的高手，他的代表作品《温泉铭》，就是学习二王的典范。此碑也是第一块将行书运用到碑版上来的刻石。

行书到了宋代，出现了新的面目。书法家往往借助书法来表现个人的学识、个性和抱负。所以古人评及宋人书法说"宋人尚意"。能代表宋代风格的要推举"宋四家"：苏轼、黄庭坚、米芾和蔡襄。

　　明代文徵明与董其昌，清代的傅山、王铎、郑板桥和何绍基，都以行书见长。

　　在浩如烟海的书法艺术宝库中，行书无疑是一座最为绚烂多姿、丰富厚重的宝藏。其中王羲之创作了被誉为"天下第一行书"的《兰亭序》，颜真卿创作了"天下第二行书"的《祭侄文稿》，苏轼创作了"天下第三行书"的《寒食帖》等。

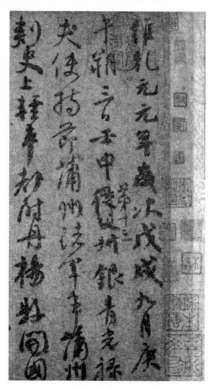

颜真卿《祭侄文稿》

09　技术所催生的——字体与技术的流变

◇ ⋯⋯⋯⋯⋯⋯

　　汉字在近两千年的时间里的稳定性与文房四宝的稳定有关。书写材料或工具再也没有出现从简牍到纸张那样的根本性变化。

　　毛笔的种类更多，从毛的硬度来划分，可分为软豪、兼毫、硬豪三大类，而笔头的原料也更为丰富：胎毛、狼毛（实际上是黄鼠狼毛）、兔毛、鹿毛、鸡毛、鸭毛、羊毛、猪毛（猪鬃）、鼠毛（鼠须）、虎毛、黄牛耳毛、石獾毛等，以兔毫、羊毫、狼毫为佳。依常用尺寸可以简单地把毛笔分为小楷、中楷、大楷，更大的有屏笔、联笔、斗笔、植笔等。我国制笔历史上以侯笔（河北衡水）、宣笔（安徽宣城）、湖笔（浙江湖州）为上。

　　制松烟墨的技术在三国、两晋、南北朝时不断提高。北魏贾思勰著有《齐民要术》，其中写下了我国最早一篇讲制墨工艺的《合墨法》。唐代制墨名工奚超、奚廷珪父子，制出了"丰肌腻理，光泽如漆"的好墨。宋代墨工潘谷是造墨高手，苏轼、黄庭坚等书画家对其墨极为推崇。因为宋代倡导"文治"，需要用墨的人和地方都太多，以至于山上的古松都被砍光了，人们不得不寻找新的制墨材料。油烟墨由此问世。所谓油烟墨，以动物或植物油等取烟制成，桐油、石油、花生油、菜籽油等，都可以作为油烟墨的原材料。油烟墨的特点是色泽黑亮，有光泽。最常见的桐油烟墨，坚实细腻，具有光泽。中国画一般多用油烟墨，只有着色的画偶然用松烟墨。明代，邵格之、程君房、方于鲁等各树一帜，歙县与休宁两派制墨，争奇斗胜，所制精品，距今三百余年，仍色泽如新。清代制墨，主要向"精鉴墨"（专供鉴赏的墨）和"家藏墨"（多作为收藏或馈赠亲友之用）两方面发展，使墨成为精美的工艺美术品。

魏晋南北朝时期，纸广泛流传，普遍为人们所使用，造纸技术进一步成熟，造纸区域也由河南洛阳一带逐渐扩散到浙江、四川、安徽及江西等地，产量和质量都不断提高。造纸原料也多样化，纸的名目繁多。如竹帘纸，纸面有明显的纹路，其纸紧薄而匀细；剡溪有以藤皮为原料的藤纸，纸质匀细光滑，洁白如玉，不留墨；东阳有鱼卵纸，又称鱼笺，柔软，光滑；江南以稻草和麦秆纤维造纸，呈黄色，质地粗糙，难以书写；北方以桑树茎皮纤维造纸，质地优良，色泽洁白，轻薄软绵，拉力强，纸纹扯断如棉丝，所以称棉纸，现存世千年以上的书画作品中，大部分用的是棉纸。

不管是哪种纸，其基本制作原理跟蔡伦造纸的方法相同。

简牍和纸张并行了近300年，西汉、东汉、三国，都是如此。公元404年，东晋桓玄帝下令废除简牍提倡用纸，"古无纸，故用简，非主于敬也，今诸用简者，皆以黄纸代之"。由此终结了简牍的使用。

隋唐时期，著名的宣纸诞生。这种用檀树皮为原材料的纸原产于安徽省宣城，所以叫"宣纸"。这种纸质地柔韧、洁白平滑、色泽耐久、吸水力强，享有"纸寿千年"的声誉。直到今天，宣纸仍然是供毛笔书画用的手工纸。唐代在前代染黄纸的基础上，又在纸上均匀涂蜡，使纸具有光泽莹润、艳美的优点，人称硬黄纸。五代造纸业仍继续发展，歙州制造的澄心堂纸，到北宋被公认为是最好的纸。到了明清，造纸业又兴旺起来，并有了创新。各种笺纸再次盛行，在质地上推崇白纸地和淡雅的色纸地，色以鲜明静穆为主，如康熙、乾隆时期的粉蜡纸、印花图绘染色花纸等。纸的制作，到了清代，已到了完美绝伦的地步。

　　砚台不仅是文房用具，由于其质地坚固，传百世而不朽，又被历代文人当成珍玩藏品。砚台的材料丰富多样，除端石、歙石、洮河石、澄泥石、松花石、红丝石、砣矶石、菊花石等做成的砚以外，还有玉砚、玉杂石砚、瓦砚、漆沙砚、铁砚、瓷砚等，共几十种。木材本来并不适宜做砚台，但文人的浪漫将这种材料上的大胆尝试与工匠的巧思融合在一起，为我们留下了许多颇为精美的木砚台。中国历代文人对砚台的珍爱，可以说是到了无以复加的地步了。刻砚、赏砚、藏砚，成为一种时尚的风气。砚台随着社会历史的演变，浓缩了中国各个朝代文化、经济乃至审美意识的各种信息。其中古代四大名砚分别是：广东肇庆的端砚，安徽婺源的歙砚，山西绛州的澄泥砚，甘肃临潭的洮河砚。

　　笔墨纸砚的丰富，也对汉字的丰富，起到了推动作用。

　　远古时期的书法都保存在石碑之上，后世的书法爱好者想去现场学习，十分不便。纸的发明，使仿照印章盖印的方式拓印碑文成为可能，于是每个书法练习者都能把优秀的碑文拓印回家，细细揣摩，慢慢学习，使得大批书法家涌现。

　　隋文帝创建科举制度，隋炀帝开创了进士科，用写文章的办法选拔官员，写得一手好文章的人就能当官。传播好的文章的需求又在社会上出现，专业抄书匠们为了大量复制好文章，仿照拓片技术大量复印，后又结合印章阳文反书法，创制雕版印刷术。

　　雕版印刷术发明之前，文化的传播主要靠手抄的书籍。手抄费时、费事，又容易抄错、抄漏，既阻碍了文化的发展，又给文化的传播带来不应有的损失。印章和石刻给印刷术提供了直接的经验性的启示；用纸在石碑上墨拓的方法，直接为雕版印刷指明了方向。

　　雕版印刷术出现的年代大约在盛唐至中唐之间，盛行于北宋。雕版印刷术的毛病在于印刷一页，就需要雕刻一个模板，印刷一本书，就要雕刻几十上百个模板，要是雕错一个字，整块模板都要丢掉。这个难题直到毕昇发明泥活字才得到解决。

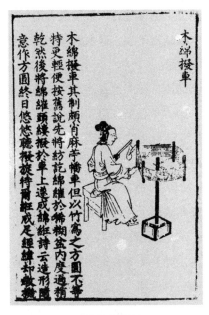

古代的印刷品

　　公元1041到1048年，平民出身的毕昇用胶泥制字，一个字为一个印，用火烧硬，使之成为陶质。排版时先预备一块铁板，铁板上放松香、蜡、纸灰等的混合物，铁板四周围着一个铁框，在铁框内摆满要印的字印，摆满就是一版。然后用火烘烤，将混合物熔化，与活字块结为一体，趁热用平板在活字上压一下，使字面平整，便可进行印刷了。

用这种方法，印两三本谈不上什么效率，如果印数多了，几十本甚至上千本，效率就很高了。为了提高效率，常用两块铁板，一块印刷，一块排字。印完一块，另一块又排好了，这样交替使用，效率很高。常用的字如"之"、"也"等字，每字制成20多个字模，以备一版内有重复的字时使用。没有准备的生僻字，则临时刻出，用草木火马上烧成。从印板上拆下来的字，都放入同一字的小木格内，外面贴上按韵分类的标签，以备检索再用。毕昇起初用木料制活字，实验发现木纹疏密不一，遇水后易膨胀变形，与粘药固结后不易分开，才改用胶泥。

毕昇发明活字印刷，极大地提高了印刷的效率，使知识得到更好的保存和普及。1965年在浙江温州白象塔内发现的刊本《佛说观无量寿佛经》，经鉴定为北宋元符至崇宁（约1100）年间活字本。这是毕昇活字印刷技术的最早历史见证。

毕昇之后，其他人对活字印刷术进行了改进，先后传到朝鲜、日本、中亚、西亚和欧洲。后人称毕昇为印刷术的始祖，印刷术也与造纸术、指南针和火药并称中国古代四大发明。

印刷术的出现，对于汉字本身的变化有一个特殊的意义。

宋代"兴文教，抑武事"，文化呈现出前所未有的繁荣昌盛景象。印刷出版业在宋代进入了黄金时代，雕版印刷兴旺，刻书中心发展较快；活字印刷的发明，使无数的书籍得以印刷、传播和保存。为了方便印刷，一种新的汉字字体出现了，这就是我们至今仍在广泛使用的宋体字。

　　由于当时的中国书籍每一版印刷两页，使用的是长方形木板雕刻制版。木板具有木纹，一般都是横向，刻制字的横向线条和木纹一致，比较结实；但刻制字的竖向线条有时和木纹交叉，容易断裂。因此字体的竖向线条较粗，横向较细。横向线条即使比较结实，在端点也容易磨损，因此端点也较粗。由此产生了竖粗横细，横线端点有一粗点的宋体字。

这就是宋体

　　今天版本学家对于宋体字下的定义是："横平竖直，横细竖粗，起落笔有棱有角，字形方正，笔画硬挺。"起落笔的棱角，应是宋体字的最大的特征，它是雕版刻工们在长期的刻写过程中对唐楷的笔画进行归纳化处理，形成的特有的装饰化特征，是刻刀留下的韵味。这种刀刻的痕迹在传统印刷的过程中，因为印墨和中国纸张的特征，再加上压力，使得最后印制成品呈现在我们面前时，宋体字的棱角又稍稍圆润浑厚起来，十分耐看。这无意之中，把楷书的书法味和雕版的刀刻味糅合在一起，形成了宋体字的典型特征。因此，学书法要上溯秦汉，而设计宋体字却要直追唐楷和宋明的雕版刻刀味。

总而言之，中国书法和雕版印刷的结合产生了宋体字。宋体字不但有中国书法的魅力，还具有雕版印刷及木版刀刻的韵味。其字形方正，笔画横平竖直，横细竖粗，棱角分明，结构严谨，整齐均匀，有极强的笔画规律性，从而使人在阅读时有一种舒适醒目的感觉。

有一种说法是，宋体是秦桧创制的。据说秦桧虽然是千古罪人，但也博学多才，在书法上很有造诣。他综合前人之长，自成一家，创立了一种用于印刷的字体。本来该用他的名字命名为"秦体"，可是他构陷岳飞，名声太臭，所以后人用朝代命名为"宋体"。然而这种说法并无任何根据。正如前面的描述一样，宋体的出现完全是因为雕版印刷的需要。宋体的真正发明者并没有留下名字，正如历史上很多没有留下名字的发明家一样，因为他们都是没有地位的普通人。

宋体虽然在宋代就已经产生，但并不成熟，而且宋代崇尚颜体、柳体、欧体。一直到明代，由于经济上比较困窘，占据版面较小的宋体逐渐流行。也是在这个时候，这种字体传至日本，被日本称作明朝体。

在现代印刷术传入中国之前，中国人已经看了一千多年宋体印刷的书籍，所以现代铅字也采用了宋体印刷。后来依据西方文字的黑体和意大利体的方式，在汉字印刷体中也创造了黑体和仿宋体的铅字。

黑体字又称方体或等线体，抹掉了汉字手书体的一切人为印迹及其造字渊源，没有衬线装饰，字形端庄，笔画横平竖直，笔迹全部一样粗细。仿宋体是模仿宋体字的结构和笔意，改成笔画粗细一致、秀丽狭长的印刷字体。

　　现在，每台电脑里默认的汉字字体就包括宋体、仿宋体和黑体。其中，中文电脑系统的默认字体是宋体，如果宋体被更改甚至删除，那么整部电脑都将无法工作。

10　从繁到简——新中国的文字改革

◇ ┈┈┈┈┈┈┈┈┈

　　从古到今，汉字进行过多次改革。距离现在最近，并且影响最大的是新中国的汉字简化。

　　汉字自古以来就有繁体与简体两套写法。在甲骨文与金文中，就可发现汉字简体的形迹，例如"车"就有多种写法。后来经过篆体隶化，并存两种写法的文字越来越多。由六朝到隋唐，汉字逐渐隶楷化，当时或许是为了美观，很多古字都增加笔画，而简化字开始被称为"俗体"、"小写"、"破字"等，在民间社会仍广为流传。

　　我们今天使用的许多简化字，在隋唐时候就已经开始出现，例如营、寿、尽、敌、继、烛、壮、齐、渊、娄、顾、献、变、灯、坟、驴，等等。唐代颜元孙著《干禄字书》和王仁昫著《刊谬补缺切韵》，都收了极多的俗体字。宋代以后，随着印刷术的发明，简化字由碑刻和手写转到雕版印刷的书籍上，从而扩大了简化字的流行范围，数量大大增多。根据《宋元以来俗字谱》，宋、元、明、清12种民间刻本中所用的简化字多达6240个，合为繁体字共1604个，平均每个繁体字有3.9个不同的简化字。与今天使用的简化字完全相同的有实、宝、听、万、礼、旧、与、庄、梦、虽、医、阳、凤、声、义等330多个。

赵孟頫、祝允明、颜真卿和唐寅笔下的"发"字

王福庵、王铎和唐寅笔下的"斗"

欧阳询、颜真卿、柳公权、赵孟頫楷书四大家笔下的"后"

　　近代汉字简化运动，源于太平天国。为了提升识字率，太平天国玉玺及官方文件都书简体。经非正式统计，太平天国总共使用一百多个简化字，其中80%为后来所采用。不过太平天国灭亡后，文字简化运动也停止了。

　　1919年开始的新文化运动对后世中国文化的发展起到了至关重要的影响。文字简化运动就是新文化运动的一部分。当时，内忧外患，急需提升国人知识水平，而要提升知识水准就要先提升识字率，增加识字率就要将复杂的汉字简化。简化文字运动获得许多知识分子的赞成，蔡元培、钱玄同、邵力子、陈望道、叶圣陶、巴金、朱自清、李公朴、艾思奇、郁达夫等著名学者都赞成文字简化。

1909年，陆费逵在《教育杂志》创刊号上发表论文《普通教育应当采用俗体字》，这是历史上第一次公开提倡使用简化字。1922年，陆费逵又发表论文《整理汉字的意见》，建议采用已在民间流行的简化字，并把其他笔画多的字也简化。

1922年，钱玄同在国语统一筹备委员会上提出《减省现行汉字的笔画案》，得到陆基、黎锦熙、杨树达的联署。这是近代历史上有关简化字的第一个具体方案，主张把过去只在民间流行的简化字作为正体字应用于一切正规的书面语。它提出的八种简化汉字的方法，实际上也就是现行简化字的产生依据，影响深远。

1928年，胡怀琛出版《简易字说》，收简化字300多个。1930年，中央研究院历史语言研究所出版刘复、李家瑞合编的《宋元以来俗字谱》，反映了一千年来简化字的发展情况。

1932年，民国政府教育部公布出版国语筹备委员会编订的《国音常用字汇》，收入不少简化字，并指出："现在应该把它（简化字）推行，使书写处于约易。"

1934年，中国图书馆服务社出版杜定友的《简字标准字表》，收简化字353个，徐则敏在《论语半月刊》上发表了《550俗字表》。钱玄同在国语统一筹备委员会上提出《搜集固有而较适用的简化字案》。

1935年，钱玄同主持编成《简化字谱》草稿，收简化字2400多个。同年8月，民国政府教育部采用这份草稿的一部分，公布《第一批简化字表》，收字324个。这是历史上由政府公布的第一个简化字表。简化的原则为：一是述而不作；二是择社会上比较通行之简化字最先采用；三是已简化的字就不再求简。但是，立刻遭到国民党元老戴季陶等的反对。结果，于1936年2月，国民政府又下令废止使用。

政府不作为，民间的力量还在继续。1935年，上海文化界组织"手头字推行会"，发起推行"手头字（即简化字）"运动。推行手头字的意思是一般人怎么写，书就怎么印，使得文字比较容易写、容易认，更能普及大众，实际上就是汉字简化。1936年10月，容庚的《简化字典》出版，收字达4445个，这些字基本上来自草书。同年11月，出版陈光尧《常用简字表》，收字3150个，约一半来自草书，一半来自俗体字。1937年，北平研究所字体研究会发表《简化字表》第一表，收字1700个。

抗日战争爆发后，民国政府的简化字运动被迫停下来，与此同时，共产党领导下的解放区则大力提倡简化字，因此当时又把简化字称为"解放字"。

1949年，新中国成立，政府立即着手继续推行简化汉字。

1950年，中央人民政府教育部社会教育司编制《常用简化字登记表》。1951年，在上表的基础上，根据"述而不作"的原则，拟出《第一批简化字表》，收字555个。1952年2月5日，中国文字改革研究委员会（简称文改委）成立。1954年底，文改委在《第一批简化字表》的基础上，拟出《汉字简化方案〔草案〕》，收字798个，简化偏旁56个，并废除400个异体字。

1955年2月2日，《汉字简化方案〔草案〕》发表，把其中的261个字分三批在全国50多种报刊上试用。同年7月13日，国务院成立汉字简化方案审订委员会，董必武为主任委员，郭沫若及老舍都是该委员会成员。同年10月，举行全国文字改革会议，讨论通过《汉字简化方案〔修正草案〕》，收字减少为515个，简化偏旁减少为54个。

1956年1月28日，《汉字简化方案》经汉字简化方案审订委员会审订，由国务院全体会议第23次会议通过，31日在《人民日报》正式公布，在全国推行。以后这个方案根据使用情况而略有改变，1964年5月，文改委出版了《简化字总表》，共分三表：第一表是352个不作偏旁用的简化字，第二表是132个可作偏旁用的简化字和14个简化偏旁，第三表是经过偏旁类推而成的1754个简化字；共2238字（因"签"、"须"两字重复了，实际为2236字）。

汉字简化的原则是尽量采用已经在民间长期流行的简化字，只作收集整理和必要的修改，不擅自造字。方法是以钱玄同在1922年提出的方法为基础，共有九种：

①保留原字轮廓，如以"龟"代"龜"，以"虑"代"慮"；

②以部分代整体，如以"医"代"醫"，以"声"代"聲"；

③更换形声字的部件，如以"痒"代"癢"、以"拥"代"擁"是更换声符，以"腭"代"颚"、以"猫"代"貓"是更换形符；

④非形声字改为形声字，如以"惊"代"驚"，以"态"代"態"；

⑤形声字改为非形声字，如以"灶"代"竈"，以"泪"代"淚"；

⑥同音代替，如以"里"代"裏"，以"丑"代"醜"；

⑦借用古体，如以"云"代"雲"，以"尘"代"塵"；

⑧草书楷化，如以"东"代"東"，以"书"代"書"；

⑨记号代替，如以"欢"代"歡"，以"义"代"義"。

据统计，这些字繁体字平均一个字16画，简化字平均一个字10画，总体上讲，简化字笔画比繁体字减少了将近一半。

在简化汉字的同时，还进行了精简汉字字数的工作。主要体现在两个方面：

一是在现代汉语中不引起意义混淆的前提下，用笔画少的同音字代替笔画多的字，例如用"面"代替"麵"、"沈"代替"瀋"、"余"代替"餘"等。这个其实是简化汉字的一部分。

二是进行异体字的清理，消除许多汉字具有两个或多个形体的现象。1955年，文改委和文化部共同公布了《第一批异体字整理表》，废除了1055个异体字。所谓异体字，就是同一个字有两个以上的写法。在鲁迅的小说《孔乙己》里，主人公就以会茴香豆的"茴"字的四种写法而骄傲。

此后，在"文化大革命"期间，各地红卫兵都曾推出过分简化的字体，"文化大革命"结束后明令禁止使用。

1977年，公布了《第二次汉字简化方案（草案）》。第一表收简化字248个，第二表收简化字605个。但这套草案问题实在是太多，因此1986年由国务院下令废止。同年，由"中国文字改革委员会"改组成的"国家语言文字工作委员会"（简称国家语委）重新发表简化字总表，而且和文化部、教育部同时发表《关于简化字的联合通知》，一致表示："对汉字的简化应持谨慎态度，使汉字形体在一个时期内保持相对稳定，以利于社会应用。"随后，国家语委重新发表了《简化字总表》，共计2235个简化字，只对1964年编印的《简化字总表》中的6个字做了调整，沿用至今。

至此，汉字简化运动暂时告一段落。

2000年12月，我国通过了一部《国家通用语言文字法》，并定于2001年1月1日生效。该法以法律形式确定普通话和规范汉字作为国家通用的语言文字地位，同时对方言、繁体字和异体字作为文化遗产加以保护，并允许在一定领域和特定地区内长期存在，但不能在普通话播音和电影中夹杂滥用。

至此，当代中国汉字的用字标准固定下来。

与简化字相对的概念叫繁体字（现在有人认为繁体字有误导的嫌疑，因此称之为正体字。本书沿用惯例，使用繁体字的说法）。所谓繁体字，是指在中国颁布了《简化字总表》后，用以指称原有的被简化字取代了的一套字体。

因为历史的原因，中国大陆使用简化字，而澳门、香港和台湾以及部分海外华人依然使用繁体字。也就是说，汉字在全世界同时有简化字和繁体字在使用，而且，因为掺杂了政治、党派、民族、国家、文化等因素，繁简之争，格外剧烈与复杂，在可以预见的将来，也不会很快停息。

前面一节已经讲述了简化字的来历，从中我们可以得出如下结论：

第一，汉字简化并不是新中国成立以后才有的；

第二，简化字并不是近代才有的；

第三，简化字不是共产党更不是郭沫若一个人发明的。

国民党败退台湾后的1952年，在一次国民党宣传汇报会上，蒋介石提出了文字改革的愿望，他说："我们的汉字笔画太多，士兵教育困难，学生学习难度也太大。我觉得汉字还是应做适度的简化。我的意见，与在大陆时期一样，先提出一个简化方案，再提交到会上来讨论。"

这几句话非常直接明白地道出了汉字简化的原因——便于普及。

为什么中国推行了几千年的繁体字，突然在近代出现了"简化"的呼声？

原因很简单，因为大众教育出现了。

中国历史上的几千年来，受教育基本上是一种特权。在传统的农业社会中，生产力水平很低，读书是一项脱离生产的活动，家里多一个人读书，就要少一个人劳动，却多一张白白吃饭的嘴。因而，普通农民读书受教育，对农民家庭而言，是不可能的事情。

对特权阶层而言，他们有大把的时间从事各种教育文化活动。繁体字对学习并不构成多大的困难，他们甚至想方设法将之变得更为复杂繁难。

但近代以来，随着工业革命产生，生产力水平飞速提高，民权思想兴起。民众通过革命手段，推翻了封建统治者，成了国家的主人。原先被少数人独占的受教育权，开始被广大民众所享有。

从1840年鸦片战争算起，到1949年新中国成立，我们国家已经在战争的淤泥里摸爬滚打了一百多年，百废待兴。据统计，新中国成立时，80%以上的人口是文盲和半文盲，也就是说，4亿人中，至少有3.2亿人不识字，连自己的名字都不会认、不会写，要在这样的基础上发展文化，建设国家，尽快从农业大国进入工业大国的行列，识字扫盲成了一个重要的历史任务。推行简化字的目的，就是为了让数以亿计的人民群众，能够尽早尽快地识字认字，提高使用文字的速度，提升文化水平，并进一步学习现代科学技术。

经过多年努力，我国扫盲工作取得了世界公认的历史性成就。截至2010年，成人文盲率由10年前的22.23%下降到8.72%。与新中国成立时的80%相比，简直是天壤之别。更不要说，这些年里，中国在科学、技术、文化等诸多方面取得的举世瞩目的成就。这其中，简化字的推广，功勋卓著。

此外，新中国刚成立时汉字乱用的情况极其严重，有用日文新字体的，有胡乱简化的，有以同音字代替的，有中外文字混用的。

这也是必须规范汉字的原因。同时，西学东渐，钢笔逐渐取代毛笔成为主要的书写工具。毛笔属于软笔，钢笔属于硬笔，而书写工具的改变，必然带来汉字本身的变化。阅读和书写的顺序就是在民国时期从几千年来的竖排和从右往左，变为横排和从左往右的。

大体说来，简化字有如下好处，

第一，减少了汉字的笔画数目，提高了书写速度；

第二，提高了阅读的清晰度；

第三，减少了通用汉字的字数；

第四，简化后产生了一些形声字表音比繁体字准确；

第五，有些简化字便于分解和称说。

但也要注意到，简化字并不完美，也有其不利的一面：

第一，有些字改变了原来的偏旁系统，使得繁简对照关系变得复杂；

第二，增加了一些形近字；

第三，同音代替减少了字数，但有时造成表意模糊；

第四，一些简化字削弱了音符的表音功能；

第五，有些简化字的形体不便于分解和称说。

第六，简化后，在一定场合又需要使用繁体字，汉字总量有增无减，这样无形中增加了学习汉字的负担。

11　繁简、拼音及总结——回望汉字

◇ ·······················

汉字的繁简从古至今一直存在争议。

总体上讲，简化字利大于弊。

有意思的是，如果你学会了简化字，再去看繁体字的书籍，经过短时间的训练，就能够阅读。但学会了繁体字的人，却无法阅读简化字。

这是因为，简化字有些取了繁体的一部分。所以会认简化字的人，可以通过自己已知的这一部分推测字义，但会繁体字的人，看到简化字，却无法反推，因为这个"一部分"可以对应多个繁体字的部分，或者想不起来用的是哪个字。因此，学了简化字，去看繁体字几乎毫无压力，于是对于繁简之争，很少在意；反过来，学习繁体字的人，去看简体字，非常头疼，于是以正统自居，强烈反对简化字。

事实上，繁体字标准其实来自《康熙字典》，而《康熙字典》在清朝康熙年间由文华殿大学士兼户部尚书张玉书及经筵讲官、文渊阁大学士兼吏部尚书陈廷敬担任主编，参考明代的《字汇》、《正字通》两书而写，是一套成书于康熙五十五年（1716）的详细汉语字典。编撰的目的其实和编撰《四库全书》基本一致（详见本书"汉字之神奇"篇相关内容），那就是文化控制。因此，说繁体字代表了中华优秀传统文化并不确切。

有些人认为简化字消除了中国优秀传统。从现实看，并非如此。而且，老的并不代表就是好的，恰恰相反，老的反而可能是落后的，腐朽的。现代人对事物规律的研究，远远超过只能靠经验积累的古代。在这种情况下，老旧的腐朽的东西，送进博物馆是对的，但要拿出来当真理来膜拜，那就是开历史的倒车。

现阶段，并没有出现简化字消灭繁体字的现象。学校里学习简化字，简化字是主流，对古文的教学也没有完全放弃，书法爱好者和古文爱好者各有所好，凭着自己的兴趣学习和使用繁体字，而古文字专家和学者也在深入研究古文字的奥秘。

反倒是繁体字咄咄逼人，要置简化字于死地。部分繁体字支持者大喊"简化字不讲理"，要求废除简化字，用三五年的时间恢复繁体字。不过，那只是部分人的幻想。要知道，受中国的影响，其他使用汉字的国家也开始简化汉字了。

新加坡：1969年公布第一批简化字502个，除了67字（称为"异体简化字"），均与中国公布的简化字相同。1974年，又公布《简化字总表》，收简化字2248个，包括了中国公布的所有简化字，以及10个中国尚未简化的，如"要"、"窗"。1976年5月，颁布

《简化字总表》修订本，删除这10个简化字和异体简化字，从而与中国的《简化字总表》完全一致。

马来西亚：1972年成立"马来西亚简化汉字委员会"，1981年出版《简化汉字总表》，与中国的《简化字总表》完全一致。

泰国：本来规定华文学校一律不准用简化字教学，在联合国以简化字为汉字标准后，宣布取消原来的限制，于1983年底同意所有的华文学校都可教学简化字，发行简繁对照表手册，并在小学课本上附加简繁对照表。

日本：日本使用汉字已有近两千年的历史，在民间也长期流行一些简化字。1946年日本内阁公布《当用汉字表》，收字1850个，其中有131个是简化字，与中国简化字相同的有53个，差不多相同的有9个。

韩国：1983年《朝鲜日报》公布第一批简化字90个，在《朝鲜日报》上使用，与中国相同的有29个，差不多相同的有4个。

由此可见，汉字简化已经是世界潮流，浩浩荡荡，不可阻挡。全面恢复繁体字之说可以休矣。

古代，在我国没有拼音字母。对汉字的注音，最早是使用发音方法的描写，如某某字的读音，有的是"以舌头言之"，有的是"以舌腹言之"，后来使用直音，即用音同音近的字直接注音，如"宪，音献"，但是很不方便，也难以准确。

东汉以后，受外来佛教文化的影响，发明了"反切"，就是把一个汉字分成声母、韵母和声调，用另外两个汉字分别代表，加以上下拼合，就得出这个字的读音，如"同，徒红切"，"徒"表示"同"的声母，"红"表示"同"的韵母与声调，用今天的拼音字母记录下来就是：徒t〔u〕+红〔h〕óng→同tóng。

从南北朝起，历代大都运用"韵书"的形式（如《切韵》、《广韵》等），使用反切给汉字注音，从而对汉字读音进行规范。但是，有些字没有同音字或是同音字过于冷僻，这就难以起到注音的作用，例如"袜音韈"等。而且，由于语音不断变化，古代的反切，到今天有许多已经不能直接拼出准确的字音来了。

明朝末年，欧洲一些国家的基督教传教士来华传教。他们使用拉丁字母为汉字注音，学习汉语和汉字。后来，为了使中国的教民能直接阅读《圣经》，也用类似方法做了一些扫盲工作。

公元1610年，法国传教士金尼格莱来到了中国。他在1626年写了一本《西中儒耳目资》的书中，首次准确地用拉丁拼音字母记录了汉字的读音。他在中国期间，结识了韩云、王征等人，并在他们的帮助下，在利玛窦等传教士汉语注音的《西字奇迹》基础上，编写了中国第一部拉丁化拼音字字汇。

20世纪初，有过一个"切音字运动"，曾经有一些热心人士，提出20多种汉字拼音方案。1913年，他们制订了一套"注音字母"，1918年，由当时的北洋政府教育部颁布。这套注音字母包括24个声母、16个韵母，大部分是采用汉字的偏旁作为形体。1930年以来，在部分地区和群众中间，还产生过一种"拉丁化新文字"。

1949年新中国成立后，成立了文改委，作为汉字改革的专门机构。1958年，国务院总理周恩来对汉字改革提出了三项任务：一是简化汉字；二是推广普通话；三是制定和推行汉语拼音方案。第一项在汉字的简化中提到过。第二项、第三项，都涉及汉字读音，而且，推广普通话和制定、推行汉语拼音方案的工作在很大程度上是紧密联系相互促进的。

1956年2月，文改委在过去直音、反切以及各种拼音方案的基础上，发布了《汉语拼音方案（草案）》。制定这个方案的基本原则有三条：

一是以北京语音作为语音标准。也就是，它所拼写的是以北京语音为标准音的普通话。字典、读物、课本上的注音都要以这种语音为标准。这样就为推行普通话创造了良好的条件。

二是以音素作为音节结构。我们知道，一个汉字就是一个音节。所谓"音素"，就是组成音节的最小单位，如"妈"是由 m 和 a 两个音素组成，"飘"是由 p、i、a、o 四个音素组成。

三是以拉丁字母作为字母形式。因为拉丁字母是世界上最通用的字母，是国际公用的文字符号，它笔画简单，构形清晰，便于书写。

1958 年 2 月，全国人民代表大会批准了《汉语拼音方案》，由它代替了 1918 年公布的"注音字母"。

汉语拼音方案是中国的汉字拉丁化方案（在当时，该方案是作为汉字拉丁化的前期工作，关于汉字拉丁化这个事儿我们将在"汉字之未来"里讲到）。《中华人民共和国国家通用语言文字法》第十八条规定："《汉语拼音方案》是中国人名、地名和中文文献罗马字母拼写法的统一规范，并用于汉字不便或不能使用的领域。"

现在，《汉语拼音方案》的作用，首先是为汉字注音的，是拼写普通话、推广普通话的工具。其次，根据《汉语拼音方案》，没有文字的少数民族按照方案创制了自己的文字，另外一些少数民族则改进自己的文字。第三，帮助少年儿童及各类人士学习汉语，以促进国内外政治、经济和文化诸方面的交流。此外，《汉语拼音方案》在汉字的电脑输入、信息处理以及电信通讯、音译中外人名地名和编制书刊索引等等领域，都发挥着有效的功能和作用。

1982 年，"国际标准化组织"（ISO）经全体会员国投票通过，决定采用《汉语拼音方案》作为汉语拉丁字母拼写法的国际标准，编号为"ISO-7098"。这意味着《汉语拼音方案》得到了国际社会的正式承认。

此后，部分海外华人集中地区，如新加坡，在汉语教学中也开始采用汉语拼音。2008年9月，中国台湾地区确定中文译音政策由"通用拼音"（即1918年公布的注音字母）改为采用"汉语拼音"，涉及中文英译的部分，都要求采用汉语拼音，自2009年开始执行。

至此，汉字的字形和字音都有了国际标准。

汉字自从它产生之日起，就处于不断发展变化之中。可以说，数千年来，汉字唯一没有改变的就是在不停地变化。随着语言中新词的不断产生、新字不断出现，随着书写习惯和书写工具的改变，新的形体和字体也不断产生。这些发展变化，都是中国人集体创造的产物。

原始人类出于自然崇拜的需要，绘制图画，具体的图画渐渐演变为抽象符号，而符号进一步规范为描画在陶器上的陶文。

越千年，陶文在不同的部落有不同的写法。当黄帝击败蚩尤和炎帝，建立起中国第一个部落联盟时，他有了统一文字的需要和能力。仓颉圆满地完成了此事，在历史上留下了仓颉造字的传说。

黄帝是传说时代的开始，而大禹是结束，因为没有发现文字，夏朝是否存在遭到质疑，夏文到底如何，这是一个谜。与夏朝比，商朝就没有这个尴尬，因为甲骨文的存在，有力地证明了商朝的存在。但甲骨文是相当成熟的文字，而文字不可能一开始就这样成熟，学者们推断，甲骨文之前，汉字应该存在并演变了好几千年。那么，陶文又是如何演变为甲骨文的？这也是一个谜。

商朝以鬼神治国，国家事无巨细，均要占卜，这是甲骨文盛行的原因。周朝取代商朝后，以礼仪治国，青铜造的礼器和乐器成为重要的工具，金文应运而生。西周末年，周宣王在位时，史官籀奉命整理金文，规范用字，他整理出的文字被称为史籀文，也叫石鼓文。

东周时，礼崩乐坏，春秋熙熙，战国攘攘，各个诸侯国的文字也自行其是。秦始皇一统天下后，他有了统一文字的需要和能力。李斯奉命主持这项工作，小篆横空出世。

在汉字演变史上，小篆起着承前启后的关键作用。在它之前，汉字都称文：陶文、甲骨文、金文、史籀文，还有大篆，都是现在已经不使用，只有极少数专家能够辨识，甚至专家也不能完全辨识的古文字；在它之后，汉字都称书：隶书、草书、楷书、行书，都是现在还在广泛使用，稍加训练，普通人也能辨识的今文字。

隶书、草书、楷书和行书，都是在汉朝出现，这也是汉字为什么叫汉字的原因。从本质上，这四种书更多的是从书法角度来定义的。它们更像是同一个字的四种写法，打个不是很恰当的比方，它们是小篆的四个模样相似的儿子。

"龙"在不同时期的写法，依次为：甲骨文、金文、小篆、
隶书、楷书、草书和行书

　　汉朝之后，汉字基本固定下来，只在细节上有所变化，更多地体现为书法，但没有出现断代或者突变，导致后代人完全无法辨识前代人的文字的情况。也因此，汉朝之后，近两千年的历史里，汉字多少显得有些无聊。宋朝出现的宋体算是这两千年里值得一提的事儿，而1949年新中国成立后推行简化字，也算是对过去两千年里汉字的一个规范与总结。现在，简化字和汉语拼音方案已经成为世界标准。这是有史以来的第一次。

　　相信，随着中国国力的进一步上升，学习汉字、使用汉字的人会越来越多。

　　古人已经做了他们的工作，至于未来如何，还有待今人的努力。关于汉字的未来，敬请参考本书"汉字之未来"篇相关内容。

汉字之神奇

01 你也可以造汉字——汉字六书

◇ ⋯⋯⋯⋯⋯

　　汉字的造字法是人们在造字的过程中逐渐形成的。需要强调的是，和造字本身一样，造字法也不是某一个人的发明创造，更不是先有人制定出了造字法，然后再来造字的。

　　不过，当汉字达到一定数量的时候，就有人开始来归纳汉字的造字法了。于是在战国时代，就出现了"六书"的说法，见于当时一部关于政治典章制度的著作——《周礼》之中。

　　然而，对于"六书"的名目和内容，《周礼》并没有加以说明。直到东汉时期，才有人具体介绍"六书"，但是说法不大一样。影响比较大的说法有两种，一种是班固在《汉书·艺文志》中所说，叫作"象形、象事、象意、象声、转注、假借"；一种是许慎在《说文解字·叙》中所说，叫作"指事、象形、形声、会意、转注、假借"。现在一般采用许慎的说法。事实上，前四书（指事、象形、会意、形声）是造字之法，后二书（转注、假借）是用字之法。

（1）象形

　　属于独体造字法。用文字的线条或笔画，把要表达物体的外形特征，具体地勾画出来。例如"月"字像一弯明月的形状，"龟"字像一只龟的侧面形状，"马"字就是一匹有马鬣、有四腿的马，"鱼"是一尾有鱼头、鱼身、鱼尾的游鱼，"艹"（草的本字）是两束草，"门"字就是左右两扇门的形状。而"日"字是一个圆形，中间有一点，很像我们在直视太阳时，所看到的形态。用象形方法造出来的字是象形字。

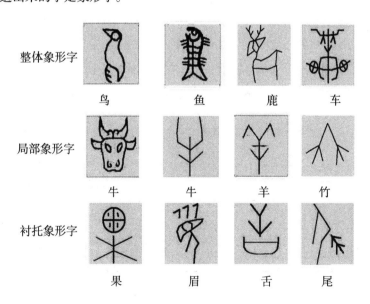

这些都是象形字，你认识几个？

　　象形字来自于图画文字，但是图画性质减弱，象征性质增强。最初创造出来的字大多是用象形的方法造出来的，我们刚学习汉字的时候学会的字也多数都是象形字。象形是一种最原始的造字方法。它的局限性很大，因为有些事物是画不出来的，比如很多抽象的概念。

（2）指事

属于独体造字法。有一些表示较为抽象的事物的词，写成字时无法用图画来表现，只好使用一些记号，如："刃"字是在"刀"的锋利处加上一点，以作标识；"凶"字则是在陷阱处加上交叉符号，表示去不得，有危险；"三"则由三横来表示。这些字的勾画，都有较抽象的部分。像"上"、"下"在甲骨文、金文里写成上下两横，长横表示地平面，短横表示是在地平面的上方或下方。这样就简单明了地把上、下这样的抽象概念用文字表达出来了。

用这种方法造出来的汉字，并不是很多。

许慎说："指事者，视而可识，察而见意，上下是也。"

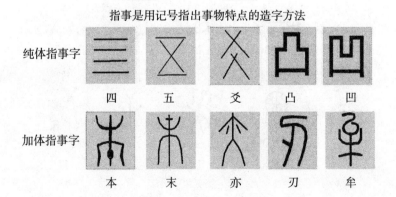

指事是用记号指出事物特点的造字方法

指事的具体造字运用

（3）会意

属于合体造字法。由两个或多个独体字组成，以所组成的字形或字义，合并起来表达此字的意思。例如"酒"字，以酿酒的瓦瓶"酉"和液体"水"合起来，表达字义；"解"字的剖拆字义，是以用"刀"把"牛"和"角"分开来，表达字义；"鸣"指鸟的叫声，于是用"口"和"鸟"组合而成。

这样的例子还有很多：

从，一个"人"跟在另一个"人"后面。

看，"手"放在"目"的上方，挡光以望远。

友，两"手"相助，引申为朋友之意。

休，"人"倚靠在"木"旁，表示休息。

许慎说："会意者，比类合谊，以见指挥，武信是也。"

会意是组合两个或两个以上的形体表达一个新的意义的造字方法

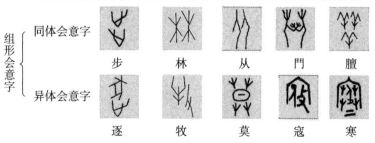

会意字比你想象的要多

会意是汉字造字的一大特色。通过会意，可以直观地表达不少单纯用象形字或指事字难以表达的复杂概念或事物，造出来的字，使人易于领会、明白。所以早期的汉字中，有相当多的会意字。

有部分汉字，会同时兼有会意和形声的特点。例如"功"字，既可视为以"力"和"工"会意，而"工"也有声旁的特点；"返"字，既可视为以"反"和"辵"（解作行走，变形作"辶"）会意，而"反"也有声旁的特点。这类字称为会意兼形声字。

（4）形声

属于合体造字法。形声字由两部分组成：形旁（又称"义符"）和声旁（又称"音符"）。形旁是指示字的意思或类属，声旁则表示字的相同或相近发音。例如"樱"字，形旁是"木"，表示它是一种树木，声旁是"婴"，表示它的发音与"婴"字一样；"篮"字形旁是"竹"，表示它是竹制物品，声旁是"监"，表示它的韵母与"监"字一样（古音及部分方言）；"齿"字的下方是形旁，画出了牙齿的形状，上方的"止"是声旁，表示两字韵母相同。

许慎说："形声者，以事为名，取譬相成，江河是也。"

形声是由意符和声符两部分组合创造汉字

90%的汉字是形声字

对于汉字来说，形声是个伟大的发明。因为它一方面使汉字在记录汉语的时候，能够标明词的读音，使人一看字形就能读出声音来；另一方面，更为重要的是，由于有形旁区别不同的意义和字形，即使同一读音的词，也不必担心可能引起混淆。它克服了以前汉字纯粹表意的局限，让汉字同语音有了联系，也使记录语言更为方便。

因此，形声成为汉字历史中最受欢迎、最富有生命力的一种造字法。今天的汉字中，形声字占90%以上。可以讲，汉字在历史上之所以没有走上拼音文字的道路，形声字的发明也是一个重要原因。

顺便说一下，甲骨文里已经有不少形声字，有人统计达到20%之多。从以上的叙述可以知道，形声字的产生，应当在象形、指事、会意、假借之后，所以甲骨文已经是一种相当成熟的汉字了。

（5）转注

属于用字法。历来各家对转注的解说不一，主要有两种：

形转说，认为"建类一首"，指用同类部首作意符，"同意相受"指同类意符的字义连类相承，如考、老同属"老"部而又可以互训（"考，老也。""老，考也。"）。

音转说，认为"一首"指词源上同韵或同声的字，如考、老同属一韵，颠、顶同属一声，即意义相同而声韵也相同或相近的字。

中国著名文字学家裘锡圭先生认为："在今天研究汉字，根本不用去管转注这个术语。不讲转注，完全能够把汉字的构造讲清楚。……总之，我们完全没有必要卷入到无休无止的关于转注定义的争论中去。"

（6）假借

　　属于用字法。关于假借字的产生、特点和作用，清代文字训诂学家孙诒让在《与王子壮论假借书》中认为：天下的事物是无穷无尽的，先民在造字时，如果没有"假借"这一用字的方法，那么就要为每样事物都造一个字，于是，汉字的字数就会多得造不过来。但汉字一定要有相对的数量，所以就按照读音来借形记事。这样的字，字形上并不是跟字义相符，但读音却是相同的，听到了这个字音就能够理解它的字义。这个方法可以用之不尽，所以，"假借"用变通的办法解决了造字时遇到的困难。

　　在早期汉字里，我们就发现有大量的假借字，如甲骨文中一条常见的卜辞："癸卯卜，今日雨。其自西来雨？其自东来雨？其自北来雨？其自南来雨？"一共使用了13个单字，其中用作假借的就有九个字（癸、卯、其、自、西、来、东、北、南），可见假借字之多。

　　关于"六书"，我们还要知道的是：它不仅表示汉字的造字方法和规则；根据它，我们还可以分析汉字的构造，从而得知汉字的造字本义。这对我们学习和运用汉字具有很大的帮助作用。

　　不过，"六书"是针对汉字的古文字阶段而归纳出来的，随着汉字字体和结构的演变，有不少汉字的形体就难以运用"六书"来分析它的造字本义了。因此，我们今天运用"六书"来分析、了解汉字的构造和造字本义，还是要时常借助古文字字形的。如果只是根据现代日常书写的字体来贸然从事，就难免出差错。

02　飞龙在天——造字趣闻

◇ ·················

　　"六书"，是汉字造字的总结，也是造字的指导。后世产生的许多新字，基本上是运用"六书"造的。但是有一种现象值得注意，就是新造的汉字，必须符合社会的需要，符合记录汉语的需要。符合需要，才能站得住，用得开；否则，即使动用了政府法令和行政力量，也不管用。

　　孙休是三国时吴国皇帝，热衷于学仓颉造字。他一辈子到底造了多少字，已经无从得知，反正不少就是了。可是他造的字当时就不被人承认，没有在社会上通行，所以大部分都被遗忘了。只有他给自己的四个儿子所造的名字，还能在史书上找到。据《三国志·吴书》记载，孙休给四个儿子造的名字是："雨+罪"（音弯）、"雷+大"（音光）、"蚷"（音莽）、"宀+先+夂"（音褒）。这些字为了追求意思的吉祥而造得非常古怪，但并没有使他的儿子保住皇位，也未能使他自己成为圣人。

隋文帝杨坚原为随国公，但因"随"字的"辶"有不稳定之意，故去掉"辶"，而造"隋"字作为国号。

唐代武则天称帝后，官吏们纷纷阿谀奉承。有个凤阁侍郎宗秦客，是武则天的亲戚。他别无能耐可以讨武则天的欢心，就抓住武则天爱造字、改字来投其所好。他绞尽脑汁，造了14个新字，献给武则天。果然，武则天大喜，当即从中选了一个"曌"（zhào）作为自己的名字。这个字意为"日月当空"，无比光明。其他的字，她也立刻在全国颁令通行。

造字、改字的歪风刮起来以后，朝臣竞相效尤。有的人说，"國（国的繁体）"字里面的"或"和"惑"一样，都有迷乱的意思，国家要安定，唯有靠"武"来镇压，所以，"國"中的"或"应该改成"武"。有人马上反对，把"武"关在"囗"中，这是对武则天的大不敬，太不吉利了。武则天想来想去，决定把"國"中的"或"改成上下排列的"八方"。她想，"國"字这样一改，四面八方都是武家的天下了。

据统计，武则天一共造了19个字，其实都是在现有字的基础上加以改造的。比如"人"字，武则天改为"一"下面加个"生"字，人就是"一生"；"地"字，武则天认为不够大气，便改为"埊"字，有山有水还有土，地上的东西算是全齐了。

在日本冈山县的国胜寺，收藏有一件用以埋葬火化遗骨的铜铸骨藏器，这件骨藏器的盖子上的铭文中，有两个方框内为"武"字的"国"字。此骨藏器是日本和铜元年铸造的，即唐中宗景龙二年（708），也正是武则天死后的第三年，可见那时她造的字仍在日本通行。但武则天造的字也跟孙休造的字一样，都没有得到社会的承认，老百姓根本就不用这些稀奇古怪的字，也就"曌"流传了下来。

五代时南汉皇帝刘岩为人凶残且自卑，以杀人为乐事。有胡僧预言"灭刘氏者龚也"，刘岩就根据《易经》乾卦中的"飞龙在天"之意，生造出一个"䶮"（yǎn）字，作为自己的名字，以对抗预言，结果还是没有保住自己的王朝。

传说王安石年轻时赴京赶考，路经马家镇马员外家，见门上挂一盏走马灯，门楹上贴着一幅上联："走马灯，灯走马，灯熄马停步。"王安石一时无法对出下联，便匆匆离去。到了京城，主考官面试时现场出对："飞虎旗，旗飞虎，旗卷虎藏身。"王安石心中一亮，即以马员外家门前的上联来对，主考官赞叹不已。返乡路上，王安石又用主考官出的对联对上了马员外家门楹上的上联。马员外立即唤出女儿与王安石相见，原来对联是马员外为择婿而出的。于是，王安石与马家小姐喜结连理。正在拜天地之时，有差人来报：王安石金榜题名，高中进士！一日之内双喜临门，王安石喜不自禁，趁酒兴连写两个"喜"字，贴在门上。从此，"囍"字不胫而走，流传至今。

据《茶经浅释》上说："在我国历史文献中，唐朝以前代表'茶'的字有'荼'、'贾'、'茗'等字。陆羽著《茶经》时，认为有统一的必要，便把'荼'字减去一横成为'茶'字，用来专指茶。"陆羽所造的这个"茶"字，含有"人在草木"间之意。看到茶字容易让人联想到山林丘壑、流云飞泉，眼前便飘来氤氲的茶香。

明洪武十八年（1385）三月，户部侍郎郭桓特大贪污案东窗事发，这是我国历史上最大的税收案。朱元璋因为此案而发布法令，制定了惩治经济犯罪的严格法令，并在财务管理上进行技术防范，明确要求记账的数字必须由"一、二、三、四、五、六、七、八、九、十、百、千"改为"壹、贰、叁、肆、伍、陆、柒、捌、玖、拾、陌（佰）、阡（仟）"等复杂的汉字，用以增加涂改账册的难度。

在近代，由于大量西方知识的涌入，也造了许多字。例如随着"Beer"传入中国，如何用汉字表达是一个问题，最初译为皮酒，后觉不妥，1910年左右创造了"啤"字——译为"啤酒"。

为了表示英制的单位，当时还造了一些多音节的字，如嗧（加仑）、瓩（千瓦）、呎（英尺）等。不过，这些多音节的字在1977年7月20日中国文字改革委员会和国家标准计量局发出的《关于部分计量单位名称统一用字的通知》中被淘汰，在中国大陆地区已不再使用，但在台湾等地仍可见到。

鲁迅在小说《故乡》中写到少年闰土用钢叉去刺偷瓜的小动物的情节。这种小动物，鲁迅把它写作"猹"（chá）。后来他在给舒新城的信中对这个字进行了解释："'猹'字是我据乡下人所说的声音，生造出来的……现在想起来，也许是獾（huān）罢。"猹字现已收入《现代汉语词典》、《辞海》等辞书。

五四运动之前，汉字的第三人称代词只有一个"他"字。五四时期，白话文兴起，第三人称代词使用频繁，男的用"他"，女的也用"他"，很容易混淆。当时有人用"伊"来指女性，比如鲁迅在《故乡》中，提到"豆腐西施"时就写道："因为伊，这豆腐店的买卖非常好"，但始终不够好。刘半农灵机一动，借助汉字的造字法，提出用"她"字作为女性第三人称代词。1920年8月，刘半农发表了《"她"字问题》一文，提出了自己的见解。当时引起了一场辩论，辩论的结果，"她"字为学术界和大众普遍认可。为大力推广"她"字，刘半农又写了歌词《教我如何不想她》，后由赵元任谱曲，成为现代著名歌曲。就这样，"她"字便迅速传开了。

在《"她"字问题》一文，刘半农顺便提了一下"它"字，说可以用来指非人类的事物。这个"它"字，他并没有像"她"字那样深入分析，但因为造得有理，因此也成为现在通行的汉字。

1939年，夏衍在桂林主编《救亡日报》，根据实际需要，他自造了"搞"、"垮"两个字，并开始在版面上试用。北京的一家饭馆经营烤肉，老板请齐白石先生题写匾额。齐白石回家后查阅字典，怎么也找不到"烤"字。他想，烤肉要用火，就用火字旁，加上考字，取"考"之音，不就行了吗？于是提笔写了匾额"北京烤肉苑"，注上小字"诸书无烤字，应人先请，自我作古"。后来，这个字便被收进字典，广为流传。

"熵"是现代物理热力学中一个重要的新概念。最初是由德国的物理学家克劳修斯提出的，他还借用希腊文自己创造了一个新的德文单词"entropie"来定义这个概念。1923年5月25日，德国科学家普朗克在中国南京的东南大学作《热力学第二定律及熵之观念》的报告时，说到了"entrophy"。这是一个生词，但物理学家胡刚复教授在翻译的时候，灵光一闪，创造了一个新的汉字——熵。这个翻译真可谓是妙趣横生，热量与温度之比是"商"，而加个"火"就意味着热学量，不仅物理含义吻合得相当之好，还与克劳修斯的"entrophy"的来源互相照应！就这样，我们浩瀚的汉文字库又多了一个妙不可言的汉字。

虽然他们只是作家，没有任何行政权力，但是这些新字符合记录汉语的需要，所以流传了下来。

目前由于信息化及用字的规范，汉字已经不再任意增加新字。唯一的例外是元素周期表中的各种元素。"氦"、"氯"、"氖"、

"锗"、"铬"、"铀"等字都是原本没有的,在该元素被发现后就按照造字法造出来。现在,还有新元素在实验室里被制造出来,于是就还需要用造字方法造新字,用于新元素的命名。

从古到今,中国人到底造了多少汉字呢?到目前为止,恐怕没人能够答得上来精确的数字。

关于汉字的数量,根据古代的字书和词书的记载,可以看出其发展情况。

字书方面,秦代的《仓颉》、《博学》、《爰历》三篇共有3300字,汉代扬雄作《训纂篇》,有5340字。汉字数量的首次统计是汉朝许慎在《说文解字》中进行的,共收录9353字。其后,南朝时顾野王所撰的《玉篇》据记载共收16917字,在此基础上修订的《大广益会玉篇》则据说有22726字。此后收字较多的是宋朝官修的《类篇》,收字31319个;另一部宋朝官修的《集韵》中收字53525个,曾经是收字最多的一部书。

词书(即字典)方面,清朝的《康熙字典》收字47035个;日本的《大汉和字典》收字48902个,另有附录1062个;台湾的《中文大字典》收字49905个;《汉语大字典》收字54678个。20世纪已出版的字数最多的是《中华字海》,收字85000个。而已经通过专家鉴定的北京国安咨询设备公司的汉字字库,收入有出处的汉字共计91251个,据称是目前全世界最全的字库。

因此,可以粗略地说,历史上出现过的汉字总数有九万多。如果学习和使用汉字真的需要掌握九万个汉字的音、形、义的话,那汉字将是世界上没人能够也没人愿意学习和使用的文字了。幸好,其中多数为异体字和罕用字,而绝大多数异体字和罕用字已经自然消亡或被规范掉,一般只在人名、地名中偶尔出现,除了古文字专家，一般人没有学习的必要。

汉字的使用频率是不同的。国家语言文字工作委员会、国家教育委员会1988年发布《现代汉语常用字表》，包括常用字2500个，次常用字1000个，合计3500个。排名第一，使用频率最高的汉字是"的"，紧随其后，排名二到十名的汉字是：一、是、在、不、了、有、和、人、这。

据统计，1000个常用字能覆盖约92%的书面资料，2000字可覆盖98%以上，简体与繁体的统计结果相差不大。小学语文大纲规定学生应该认识3000个汉字，而脱盲的标准是掌握1500个汉字。

换句话说，你只要小学毕业合格，就能正常地与人用汉字交流了。

03　智慧而有趣——汉字赏析

◇ ······

"品"字结构的妙字

汉字是很有意思的。从结构上说，汉字可分为独体字与合体字，合体字可分为左右结构／左中右结构、上下结构／上中下结构、半／全包围结构、"品"字结构等。最让人感兴趣的是"品"字结构的汉字。

"品"字结构汉字酷似"金三角"，音、意、形都非常有趣。可惜，这些字绝大部分不常用，极为生僻，几乎变成了熊猫一样的"活化石"。

（1）五行

五行指金、木、水、火、土，古人认为这五种物质构成世界万物，中医用五行说明生理、病理上的种种现象，迷信的人用五行推算人的命运。非常有意思的是，金、木、水、火、土的品字结构都是存在的。

鑫（xīn），财富兴盛。"金"本来就是财富，三个"金"字垒成金字塔形状，当然是财富兴盛了。有很多商店和人名用这个字。所以，现在也有字典对"鑫"的解释为：商店字号及人名常用字，取金多兴盛的意思。

森（sēn），树木众多；繁密。独木不成林，三棵"木"就是森林了。"木林森"这三个字的组合有原始的、自然的、环保的意思在里边，因此有好些品牌叫这个名字。

淼（miǎo），又作"渺"。本义是水大的样子。

焱（yàn），火花、火焰。值得一提的是，"火"比"木"更有意思，"木"有木、林、森，"火"则有：

火，甲骨文字形象是火焰，本义是物体燃烧所发的光、焰和热；

炎，本义是火苗升腾，炎热、酷热；

焱，火花、火焰；

燚（yì），火燃烧的样子，多用于人名。

但好像没有谁用"火炎焱"作为品牌的名字，表示生意红火。

垚（yáo），山高。这个字不常见，有时用作商店字号或者人名。"土"也有土、圭、垚。"垚"的意思不是土多，而是"山高"。大概古人觉得很多土堆起来就很高了吧。

（2）动物

骉（biāo），字形很清楚，一匹马率领另外两匹，风驰电掣地奔跑。这个字恰恰意为众马奔腾的样子。

羴（shān），是"膻"的异体字。掉进羊群里还能闻着什么好味儿？有句成语叫做"趋腥附膻"，所谓"膻"，就是羊肉的气味。

犇（bēn），是"奔"的异体字。牛，本性温顺，三头牛碰面，搞不好就会疯狂起来。所以犇是奔跑、急匆匆的意思。

猋（biāo），本意是狗奔跑的样子，意为迅速。又通"飙"，暴风、旋风。猋升（飙升）的意思是急速上升。

鱻（xiān），三条鱼，味道鲜香。原指生鱼；抑或"新鲜、明丽"的意思；也指鲜美、应时的食物。

麤（cū），从字形上看，一大两小三头鹿，死死地顶在一起，似乎彼此混搅，非常有力气，实际上只表达了动粗的意思。

蟲（chóng），是"虫"的繁体。

（3）"品"字结构之最

最色的汉字——姦（jiān），是"奸"的异体字。《说文解字》里解释为"私"、"盗"，《广雅》里说是"伪"的意思。常言道："三个女人一台戏"，这个字充满了色情与暧昧的情调。

最敏感的汉字——毳（cuì），三根毛儿是什么意思呢？还是指毛发，医学上专有"毳毛"一词，指人体表面除头发、阴毛、腋毛外，其他部位生的细毛，俗称"寒毛"。既是"寒毛"，就非常敏感，它替人体传递冷热寒暑的细腻感觉。

最恶毒的汉字——蠱（gǔ），字形赫然在目，一个器皿里装着一群虫子。那么，在器皿里装满虫子又是为什么呢？原来，古人把许多有毒的虫子聚敛到一起，让它们彼此吞食，互相残杀，最后剩下的虫子就是"蛊"——这玩意儿性情残忍，毒性最烈，放在食物中，足以致人死命。

　　最无赖的汉字——掱（pá），还用问吗？俗称"三只手"，从别人身上窃取不义之财。"掱手"一词，变成了"四只手"，仍然脱不了"贼皮"，也就是"扒手"。

　　最昂贵的汉字——贔（bì），"贝"就是钱，一上两下三个"贝"字码在一起，表示"用力的样子"。另外，有一个专有名词——贔屃（bìxì），是传说中一种像龟的动物，龙生九子中的一子。这家伙不但有力气，而且喜欢文字，正好跟石碑打交道。

（4）其他

　　人，"一撇一捺易写难做"是说"人"字好写，人难做。

　　从，两个人就涉及领导问题，后面的人跟随前面人的脚步，所以"从"的本义是随行、跟随。

　　众，本义是众人、大家。甲骨文中的"众"像许多人在烈日下劳动。三个人就涉及管理和分工协作了。

　　口，像一张咧开的嘴。

　　吕，两个口，甲骨文里"吕"像脊梁骨，是"膂"的本字，本义就是脊梁骨。

　　品，本义是众多。"品"从三口。口代表人，三个表多数，意即众多的人。

　　劦，众人协力。

　　晶，表示光亮之意。

　　磊，表示石头多。

矗（chù），直立、高耸。

汉字幽默戏解拾趣

"干"对"于"说：看你那没出息的样，脚下总是不利索！

"干"对"平"说：看把你美的，两天不见，还戴上墨镜了呢！

"干"对"千"说：你上梁不正，难怪"千夫所指"！

"丙"对"内"说：儿呀，不带武器，你连第三也捞不上！

"内"对"芮"说：一头乱草，该理发了，看你像啥？

"内"对"肉"说：你不就比我家多一口人嘛！咋就那么吃香！人见人爱！

"音"对"意"说：别忘了，我才是你的心上人哩！

"射"对"矮"说：伙计，怕是我们俩被人从产房给抱错了吧？我身高一寸，该我姓"矮"才对！

"庄"对"压"说：看你，该戴在头上的，怎能揣在腰里？

"休"对"体"说：你心里老算计一本账，肯定没有我轻松！

"重"对"里"说：没有行千里之志，你就在家里待着吧！

"呆"对"杏"说：看你就是木头脑袋。杏说：其实你比我还笨！

"能"对"熊"说：想有能力，不当狗熊，就趁早精简机构吧！

"兔"对"免"说：不管长短，总得有个尾巴，否则，就一切免谈！

"买"对"卖"说：扛了十字架，就不一般，果然可以出手了！

"用"对"甩"说：爱出格，不安分，不被甩才怪哩！

"尚"对"常"说：臭美啥？有了头巾都不知往哪儿戴！傻样！

"困"对"闲"说：关了门，咱们是一家吧？

"住"对"往"说：你带了东西，这是往哪儿去？

　　"师"对"帅"说：真是青出于蓝啊！你可比为师有出息呀！

　　"杳"对"杳"说：怪不得找不到你了，原来带了隐形装置！

　　"王"对"玉"说：该丢弃一点，你就舍不得！所以，啥时候也成不了王！

　　"金"对"全"说：拈轻怕重，怕负责任，还想跟我比，没门！

　　"田"对"申"说："由"上蹿，"甲"下跳，你却是"上蹿下跳"！

　　"古"对"舌"说：头发长了，也不理一理！难怪人家嚼舌头！

　　"有"对"冇"说：刚发工资就又花光了！没出息的货！

　　"处"对"外"说：老弟，加油呀！我们可是处到快结婚的分上了！

　　"方"对"万"说：这世道真不公平，我比你干得多，却没有你的名气大！

　　"庆"对"厌"说：光明正大的事不干，偷偷摸摸当狗！谁不讨厌！

　　"司"对"同"说：大度些嘛！不妨先网开一面，没有付出，别想掌权！

几组字的源流

　　由于人们常用手指着鼻子表示"自己"，因此古人画了一个鼻子，首先创造了一个"自"字，随后用自来组成自己、自我等词语。在自字下面加个声符"畀"，创造了一个专门表示鼻子的"鼻"字。当在自的上面加上头顶和头发，就造了一个"首"字，表示人的头。由于首处在最上面，是最重要的，就有了首要、首先、首长，首长中的第一人就是元首，都市中的第一个就是首都；首字加个"辶"，就是"道"，是指大道、正道，再加个"寸"，就是"導"（道），就是用手指引正道。"自"字加个"口"，就是"咱"，是"我"的北京口头语。"自"字下面加"心"，就是"息"，表示自己的心愿，休息、出息、信息。当在"自"字头顶周围画个框，就创造了一个"面"字，表示面部，就有了面目、面脸、面子。

古人由于主要是用口授的方式传授知识，因而耳朵处于重要地位，往往用"耳""心""囟（脑）"几个字根，组建表示智慧、聪明、修养的用字。如："聰"（聪）由"耳、囟、心"组成，意思是通过用心地听取和思考，使人更聪明；"聖"（圣）由"耳、口、王"组成，意思是用耳聆听，用口传授，学好了就能称王；"聽"（听）由"耳、王、直、一、心"组成，意思是一心一意用耳索取天地人信息；"聲"（声）由"声、殳、耳"组成，意为用耳倾听到敲打石磬的声音；"聞"（闻）形象地描述了把耳朵放在门缝，听到屋里说话的情景。

"耳聪目明"，说的是耳朵联系智慧，眼睛就联系真实景物。如："看"字由上面一只"手"下面一个"目"组成，是一幅把手掌放在眼睛上看东西的形象图像，"看"只是一个行为动作；"見"（见）字由上面一个"目"下面一个"人（儿）"组成，是一个睁大眼睛直视东西的人；"視"（视）只是在"見"字左侧加个"礻（示）"表示天意，含观察、探视之义；"相"字源自生活，用眼睛仔细比较木材，含"相中""相比"之义；"想"字就是在"相"下加个"心"，表示心中在思索，在比较联想；"盼"字在旁加个"分"表示眼睛分神，隐含不是现实的一种"期盼"；"眉"就是形象地在眼睛上面添上中粗梢细的眉毛；至于"目"俗称"眼睛"，"眼"是由"目、艮"组成，表示目是可以四面回顾的眼部结构；

"睛"是由"目、青"组成，表示明亮清澈的形象，"眼睛"既指部位又指外观特征。以"目"为偏旁可以组成大量的形声字，如"睡""眠""瞄""瞪""睁"等。

"口"字当然大量与口的主要功能吃饭、呼吸、说话有关，如"吃""吞""吐""品""呼""吸""吹""吵"。"兄"字是指会说话的大男孩，隐含张着口大声发号施令；"咒"字只是在"兄"字上再加一个"口"，就成多余而不受欢迎的"咒骂"了，可见先人当初造字的奥妙。"如"字是指会说话的大女孩，隐含听话顺从的意思。"品"字生动，表示用口仔细品味、品尝的意思。"器"字用有四只口的犬表示，隐含特别厉害、有才而受器重。"口"字又常做东西讲，因而"品""器"可组成"用品""器具"等词。由于口是用来说话的，因此很多说话的语气词，都由"口"字参与组成，如"啊""呀""嗨""噢""呢"，几乎任何字加个"口"，都可变成语气词。有一个由"口"衍生的字不得不说一下，那就是"曰"。这个字在甲骨文里是在口形上加一出气短横，表示"说"的意思。"曰"在文言文中用得很多，如孔子曰：学而时习之，不亦乐乎。

以上只是应用汉字造字法理解与五官有关的字。事实上，很多汉字（注意不是全部），都可以用类似的方法去理解。

由此可见，汉字确实是中华文化文明的传承，反映出我们先人的生活、生产、习俗和哲学。

04　　　　　　　　　　独一无二
　　　　　　　　——汉字催生的艺术形式

◇┈┈┈┈┈┈

对联雅趣

　　对联，雅称"楹联"，俗称对子。它言简意深，对仗工整，平仄协调，是一字一音的汉语语言独特的艺术形式，它与书法的美妙结合，又成了中华民族绚烂多彩的艺术独创。

　　早在秦汉以前，我国民间过年就有悬挂桃符的习俗。所谓桃符，即把传说中的降鬼大神"神荼"和"郁垒"的名字，分别书写在两块桃木板上，悬挂于左右门，以驱鬼压邪。这种习俗持续了一千多年，到了五代，人们才开始把联语题于桃木板上。据《宋史·蜀世家》记载，五代后蜀主孟昶"每岁除，命学士为词，题桃符，置寝门左右。末年（964），学士幸寅逊撰词，昶以其非工，自命笔题云：新年纳余庆，嘉节号长春"。据说这是我国最早的一副对联。宋代以后，民间新年悬挂春联已经相当普遍，王安石诗中"千门万户曈曈日，总把新桃换旧符"之句，就是当时盛况的真实写照。

一直到了明代，人们开始用红纸代替桃木板，出现我们今天所见的春联。据《簪云楼杂话》记载，明太祖朱元璋定都金陵后，除夕前，曾命公卿士庶家门须加春联一副，并亲自微服出巡，挨门观赏取乐。尔后，文人学士无不把题联作对视为雅事。这一习俗流传至今。

对联有如下形式特点：

其一，要字数相等，断句一致。除有意空出某字的位置以达到某种效果外，上下联字数必须相同，不多不少。

其二，要平仄相合，音调和谐。传统习惯是仄起平落，即上联末句尾字用仄声，下联末句尾字用平声。

其三，要词性相对，位置相同。一般称为虚对虚，实对实，就是名词对名词，动词对动词，形容词对形容词，数量词对数量词，副词对副词，而且相对的词必须在相同的位置上。

其四，要内容相关，上下衔接。上下联的含义必须相互衔接，但又不能重复。

此外，传统上对联还必须直写竖贴，自右而左，由上而下，不能颠倒。

对联是汉字特有的艺术形式，利用的正是汉字特有的字音、字形和字义。对联是由律诗的对偶句发展而来的，它保留着律诗的某些特点。它也是古代学生的必修课之一。

对联的形式多样，表现手法丰富，一些特殊手法的运用使得它有了特别的乐趣。

（1）叠字联

对联中包含同一个字重复出现的情况。其中，重复的字若连续出现也可称为叠字联。用叠字法作楹联，语音上和谐悦耳，节奏明朗，韵律协调，因而可以增强楹联的艺术魅力，获得特定的表达效果。

高高下下树叮叮咚咚泉

重重叠叠山曲曲环环路（杭州西湖九溪十八涧）

行行行，行行且止

坐坐坐，坐坐无妨（浙江奉化有一"休休亭"）

风扇扇风，风出扇，扇动风生

水车车水，水随车，车停水止（上联唐伯虎出，下联祝枝山对。）

南南北北，文文武武，争争斗斗，时时杀杀砍砍，搜搜刮刮，看看干干净净

户户家家，女女男男，孤孤寡寡，处处惊惊慌慌，哭哭啼啼，真真凄凄惨惨（这是描写战争的）

风风雨雨，暖暖寒寒，处处寻寻觅觅

莺莺燕燕，花花叶叶，卿卿暮暮朝朝（苏州网师园）

（2）顶针联

上下联中各个分句，其前一分句的句尾字和后一个分句的句头字相同，句子首尾相连，上递下接，环环紧扣，一气呵成，读来令人拍手叫绝。

开口便笑 笑古笑今 凡事付之一笑

大肚能容 容天容地 于人何所不容（峨眉山灵岩寺）

面面有情，环水抱山山抱水

心心相印，因人传地地传人（杭州四照阁）

（3）嵌名联

对联中包含专有名词，如人名、地名、药名等。

史鉴流传真可法　　洪恩未报反成仇

明末有史可法，坚守扬州，城破，不屈而死。但兵部尚书洪承畴，降清苟且，朝野不齿。

艾自修，自修勿修，白面书生背虎榜

张居正，居正勿正，黑心宰相卧龙床

明万历年间，艾自修与张居正同科中举，艾名列榜末，旧称背虎榜，张居正出上联嘲讽艾自修，艾自修当时未对出。张居正当上宰相后，相传与皇后有暧昧关系，艾自修抓住这一点，遂得下联。

两舟竞渡，橹速（鲁肃）不如帆快（樊哙）

百管争鸣，笛清（狄青）难比萧和（萧何）

（4）拆字联

对联中某一个字可以由该对联中另外几个字拼合得到。

品泉茶，三口白水　　竺仙庵，二个山人

这是一副拆字联。上联将“品”拆成三个“口”，“泉”拆为“白水”；下联把“竺”拆成二个“个”，“仙”拆成“山人”二字。上下联拆字自然工整，更表达了悠然闲适的心境。

传说，八国联军侵占北京后，在一间陈设华丽的大厅里举行所谓的“议和会议”。会前，一个洋人傲慢地出了一句上联：

琵琶琴瑟八大王王王在上

他利用了我国汉字部首的特点，道出了八国联军是高高在上的八大王，同时琵琶和琴瑟都是中国乐器的名称。这是一个很难的对联。

中国代表团的一名工作人员挺身而出，从容应对：

魑魅魍魉四个小鬼鬼鬼犯边

魑魅（chīmèi）和魍魉（wǎngliǎng）都是传说中害人的怪物名字，而它们的偏旁都是"鬼"，"鬼"是我国人民对外来侵略者憎恨而用的称呼。爱国的中国人借此怒斥了八国联军是四个犯边的小鬼。

(5) 音韵联

利用汉字同音多字的特点，将几个字形、字义不同而读音相同的字用于同一副楹联之中，从而使联语具有组合精巧、构思奇特、风趣别致的艺术魅力。

同音异字：

无山得似巫山耸　　何叶能如荷叶圆

据传苏东坡和佛印和尚是经常在一起吟诗作对的好友。有一天，佛印和尚出了一上联"无山得似巫山耸"，意思是说，没有一座山比得上巫山高。"无""巫"同音。苏东坡对道："何叶能如荷叶圆?"哪一种叶子能像荷叶一样的圆？

同字异音：

海水朝朝朝朝朝朝朝落

浮云长长长长长长长消（山海关孟姜女庙）

相传有个神童，宰相爱其才招为女婿。宰相宴请时，当着满堂宾客出一上联请女婿对：因荷（何）而得藕（偶）。女婿手指席上果品，答：有杏（幸）不须梅（媒）。这里因用了谐音（荷—何，藕—偶，杏—幸，梅—媒）而妙言他意，客人们顿时而悟，连连称妙。

（6）回文联

它是我国对联修辞奇葩中的一朵。用这种形式写成的对联，既可顺读，也可倒读，不仅它的意思不变，而且颇具趣味。

　　客上天然居，居然天上客　　　人过大佛寺，寺佛大过人

清代，北京城里有一家饭馆叫"天然居"，乾隆皇帝就此作了一回文联上联，向大臣们征对下联，大臣们面面相觑，无人言声。只有大学士纪晓岚即席就北京城东的一座有名的大庙——大佛寺，想出了下联。

河南省境内有一座山名叫鸡公山，山中有两处景观"斗鸡山"和"龙隐岩"，有人就此作了一副独具慧眼的回文联：

　　斗鸡山上山鸡斗　　　龙隐岩中岩隐龙

厦门鼓浪屿鱼脯浦，因地处海中，岛上重峦叠嶂，烟雾缭绕，海森森水茫茫，远接云天。于是，一副饶有趣味的回文联便应运而生：

　　雾锁山头山锁雾　　　天连水尾水连天

（7）数字联

就是以数字嵌入对联。

成都武侯祠有一副根据诸葛亮生平史实和传说撰写的对联，上联嵌入一至十十个数字，下联嵌入了五方和五行：

　　收二川，排八阵，六出七擒，五丈原前，点四十九盏明灯，一心只为酬三顾

　　取西蜀，定南蛮，东和北拒，中军帐里，变金木土革爻卦，水面偏能用火攻

古时有位教书先生，学识渊博，其七个弟子都中了进士。为了给两个女儿大乔和小乔选择佳婿，他出了一个上联：

一大乔，二小乔，三寸金莲四寸腰，五匣六盒七彩粉，八分九分十倍娇

要求七个学生应对招亲，条件是下联倒序嵌入十个基数。众人冥思苦想，从上午直到月出，终未成对，其中六位先后悒悒而归。最末一位百思不解，正欲离去，忽闻更鼓声声，顿时触景生情，悟出下联：

十九月，八分圆，七个进士六个还，五更四鼓三声响，二乔大乔一人选

终于成就了一桩文字姻缘，师生皆大欢喜。

(8) 无字联

1949年4月1日，国民党政府悍然镇压南京大专院校要求和平的游行示威学生，制造了"四·一"惨案。当时广大学生在中央大学（今南京大学）礼堂为死难者隆重举行追悼大会，会上挽联无数。其中一副不着一字的挽联，特别引人注目。

上联:??????

下联:!!!!!!

上联的"?"号，表达了诘责和愤慨；下联的"!"号，显示了誓不妥协、继续战斗的坚定意志。一副挽联，12个标点符号，抵得上一篇檄文。

(9) 缺字联

就是上下联各缺一字，对联的真正含义就隐含其间。

春节前夕，郑板桥和苏州知府一同外出巡游，见南门街一户人家贴了一副对联"二三四五，六七八九"，郑板桥眉头紧锁，赶紧买了衣服、肉、粮食前去叩门，见这家一贫如洗。主人收了礼物

后，千恩万谢。在回来的途中，知府忙问他怎么知道这户人家的根底。郑板桥笑道："人家大门上不是明写着吗？你看，十个数字，就是缺一（衣）少十（食）嘛！"

汉字妙文

（1）数字

传说，司马相如到长安后给在老家成都的卓文君写了一封信，内有"一、二、三、四、五、六、七、八、九、十、百、千、万"13个数字。文君反复看信，明白了丈夫的意思。数字中无"亿"，表明已对她无"意"。卓文君既悲痛又愤恨，当即复信叫来人带回，信的内容是这样写的：

一别之后，两地相悬，只说是三四月，又谁知五六年。七弦琴无心弹，八行书无可传，九曲连环从中折断。十里长亭望眼欲穿。百思想，千系念，万般无奈把郎怨。

万言千语说不完，百无聊赖十倚栏。重九登高看孤雁，八月中秋月圆人不圆。七月半烧香秉烛问苍天，六月伏天人人摇扇我心寒。五月石榴红胜火，偏遇阵阵冷雨浇花端。四月枇杷未黄，我欲对镜心意乱。急匆匆，三月桃花随水转，飘零零，二月风筝线儿断。噫！郎呀郎，巴不得下一世你为女来我为男。

司马相如对这首用数字连成的诗一连看了好几遍，越看越感到惭愧，越觉得对不起对自己一片痴情的妻子。终于用驷马高车，亲自回乡，把文君接往长安。

（2）同音字的故事

语言学家赵元任曾编了一个故事《施氏食狮史》："石室诗士施氏，嗜狮，誓食十狮。氏时时适市视狮。十时，适十狮适市。是时，适施氏适市。氏视是十狮，恃矢势，使是十狮逝世。氏拾是十狮尸，适石室。石室湿，氏使侍拭石室。石室拭，氏始试食是十狮。食时，始识是十狮，实十石狮尸。试释是事。"

整篇只有一个"shi"音，用口语说出来，任何人都听不懂；但用汉字写出来，懂汉字的人都可看得懂。

（3）藏头诗

杂体诗的一种，一般是每句的第一个字连起来读，可以传达作者的某种特有的思想。

《水浒传》中，梁山泊义军头领宋江久慕"玉麒麟"卢俊义的威名，一心想招取卢俊义上山坐第一把交椅，共图大业，替天行道。偏偏这个卢俊义有钱有势，有名有位，吃不愁，穿不愁，而且满脑袋的忠君思想，要他上山造反谈何容易，宋江常常为此苦恼。

军师"智多星"吴用想出一计，扮成一个算命先生，悄悄来到卢俊义庄上，利用卢俊义正为躲避"血光之灾"的惶恐心里，口占四句卦歌，并让他端书在家宅的墙壁上。这四句卦歌是：

芦花丛中一扁舟，俊杰俄从此地游。

义士若能知此理，反躬难逃可无忧。

吴用在这四句卦歌里，巧妙地把"卢俊义反"四个字暗藏于四句之首，而一心躲避"血光之灾"的卢俊义哪里有心细察这其中的隐秘呢。果然，这四句诗写出后，被官府拿到了证据，大兴问罪之师，到处捉拿卢俊义，终于把他逼上梁山。

（4）宝塔诗

杂体诗的一种。顾名思义，它形如宝塔。从一字句或两字句的塔尖开始，向下延伸，逐层增加字数至七字句的塔底终止，如此排列下来，构成一个等腰三角形，形如宝塔。

宝塔诗还有单双之分。吴敬梓《儒林外史》中写过一首讽刺性的单宝塔诗：

呆
秀才
吃长斋
胡须满腮
经书揭不开
纸笔自己安排
明年不请我自来

现在见得多的是双宝塔诗。白居易以《诗》为题，写过一首著名的双宝塔诗：

诗
绮美，镶奇。
明月夜，落花时。
能助欢笑，也伤别离。
调清金石怨，吟苦鬼神悲。
王下只应我爱，世间唯有君知。
自从都尉别苏句，便到司空送白辞。

清代的王有光摘吴越俗谚俚语编成对顶塔的形式，整个看起来就像是一个标准的菱形。

阴阳

天地大

黑白分明

傍早做人家

为人易做人难

你叽呱我也叽呱

穷不读书富不教学

读书造化不读书告化

清明不拆絮到老不成器

告化子遁走猢狲就没戏耍

要知未来路径须问过来人家

困活三千年不知天知地知

有书不苦读不如睁眼瞎

黑眼乌珠难见白铜钱

男大当婚女大当嫁

善恶到头终有报

前船是后船涯

世上无难事

有德终发

回味甜

由他

(5) 回文诗

顾名思义，就是能够回还往复，正读倒读皆成章句的诗篇。它充分展示并利用了汉语以单音节语素为主和以语序为重要语法手段这两大特点，读来回环往复，绵延无尽，给人以荡气回肠，意兴益然的美感。

李禺是宋朝人，具体史料已经不可查。传说他写过一首回文诗歌。该诗正读是夫思妻：

枯眼望遥山隔水，往来曾见几心知？

壶空怕酌一杯酒，笔下难成和韵诗。

途路阻人离别久，讯音无雁寄回迟。

孤灯夜守长寥寂，夫忆妻兮父忆儿。

倒读是妻思夫：

儿忆父兮妻忆夫，寂寥长守夜灯孤。

迟回寄雁无音讯，久别离人阻路途。

诗韵和成难下笔，酒杯一酌怕空壶。

知心几见曾来往，水隔山遥望眼枯。

多才多艺的东坡居士苏轼才高一筹，写过一首名为《题金山寺》的回文诗，既可以从前往后读，又可以从后往前读。正读是：

潮随暗浪雪山倾，远浦渔舟钓月明。

桥对祠门松径小，槛当泉眼石波清。

迢迢绿树江天晓，霭霭红霞海日晴。

遥望四边云接水，碧峰千点数鸥轻。

反过来读：

轻鸥数点千峰碧，水接云边四望遥。

晴日海霞红霭霭，晓天江树绿迢迢。

清波石眼泉当槛，小径松门祠对桥。

明月钓舟渔浦远，倾山雪浪暗随潮。

明末浙江才女吴绛雪写有《四时山水诗》，此诗原本是这样的：

莺啼岸柳弄春晴夜月明，香莲碧水动风凉夏日长，

秋江楚雁宿沙洲浅水流，红炉透炭炙寒风御隆冬。

然而，如果把每一句诗拿来反复，会把这首诗的四句分别读成描写春夏秋冬的诗。

第一句春景：

莺啼岸柳弄春晴，柳弄春晴夜月明。

明月夜晴春弄柳，晴春弄柳岸啼莺。

第二句夏景：

香莲碧水动风凉，水动风凉夏日长。

长日夏凉风动水，凉风动水碧莲香。

第三句秋景：

秋江楚雁宿沙洲，雁宿沙洲浅水流。

流水浅洲沙宿雁，洲沙宿雁楚江秋。

第四句冬景：

红炉透炭炙寒风，炭炙寒风御隆冬。

冬隆御风寒炙炭，风寒炙炭透炉红。

（6）织锦文

前秦妇女苏若兰，武功（今陕西）人，是秦州刺史窦滔的妻子。

窦滔有个宠姬名叫赵阳台，若兰十分嫉妒，每每相见，总免不了一番嘲讽，窦滔常常为此遗憾，心中十分不快。一次，窦滔到襄阳做官，若兰不肯与他同往，他就带着赵阳台去赴任，渐渐和若兰断了音信。若兰十分悔恨，于是费尽心机，织成一块八寸见方的五色锦缎，用文字织成回文诗，这便是有名的《璇玑图》。

《璇玑图》共841字，纵横各29字，方阵纵、横、斜、交互、正、反读或退一字、迭一字读均可成诗，诗有三、四、五、六、七言不等，目前统计约可组成7958首诗。例如从最右侧直行开始，随文势折返，可发现右上角红色区块外围顺时针读为"仁智怀德圣虞唐，贞志笃终穹誓苍，钦所感想妄淫荒，心忧增慕怀惨伤"，而原诗若以逆时针方向读则变为"伤惨怀慕增忧心，荒淫妄想感所钦，苍誓穹终笃志贞，唐虞圣德怀智仁"，堪称回文诗中之千古力作！织者的悲欢忧乐，忠愤感激，好贤厌恶，跃然纸上。

若兰派人把织好的锦图送到襄阳，窦滔读后十分惭愧，深感对不起爱妻若兰。于是幡然醒悟，当即打发赵阳台返回关中，并用隆重的礼仪，把苏若兰接到襄阳，自此以后，夫妻更加恩爱。

（7）歇后语

一般由两个部分组成，前半截是形象的比喻，像谜面，后半截是解释、说明，像谜底，十分自然、贴切。在一定的语言环境中，通常说出前半截，"歇"去后半截，就可以领会和猜想出它的本意，所以称它为歇后语。歇后语数量很多，种类也多，足够写一本书。这里只选取几个谐音类的，供大家欣赏。

宋江的军师——无用。（吴用）

老太婆上鸡窝——笨蛋。（奔蛋）

卖草帽的丢扁担——留神。（留绳）

哥哥不在家——少来。（嫂来）

外甥打灯笼——照旧。（照舅）

雨打黄梅头——倒霉。（倒梅）

半两棉花——免谈。（免弹）

秃子打伞——无法无天。（无发无天）

矮子过渡——安心。（淹心）

马店买猪——没那事。（没那市）

腊月天气——动手动脚。（冻手冻脚）

父亲向儿子磕头——岂有此理。（岂有此礼）

公共厕所扔石头——引起公愤。（引起公粪）

反穿皮袄——装样。（装羊）

孔夫子搬家——净是输。（净是书）

孕妇走独木桥——铤而走险。（挺儿走险）

瞎子进烟馆——摩登。（摸灯）

（8）字谜

因为汉字的特殊结构，使得它可以成为谜语的谜底，被称为字谜。这里只摘录十条供大家品味。

① 一月共一月，两月共半边；上有可耕之田，下有长流之川；一家有六口，两口不团圆。（用）

② 二形一体，四支八头，四八一八，飞泉仰流。（井）

③ 此花自古无栽，一夜北风遍地开，近看无枝又无叶，不知何处长出来。（雪）

④ 小勺形似钩，用它炒黄豆，总共抄了三，一下蹦了两。（心）

⑤ 两横有长有短，两竖有高有低。（止）

⑥ 一边发绿，一边发红；一边喜雨，一边怕风；一边怕水，一边怕虫。（秋）

⑦ 有水可种荷花，有土可种桑麻，有人非你非我，有马可走天下。（也）

⑧ 虽有十张口，只有一颗心；要想猜出来，必须动脑筋。（思）

⑨ 上八不像八，下八才是八，十字当中站，生命需靠它。（米）

⑩ 旁边两个人，十月初四生，若要仔细看，只有一条心。（德）

05 无人认识——神秘的汉字

◇ ·················

前面提到的汉字从陶文到行书的演变过程，属于汉字的主流。然而，就如江河一般，也有一些小江小河，甚至是汹涌的大江大河，流着流着便干涸了，或者消失于地下了。后世再发现时，只能看到它们曾经流过的痕迹，却无法辨识。在我国漫长的文字历史上，这样的事情发生过很多次。

（1）蝌蚪文

浙江省仙居县淡竹乡有一个高达128米的蝌蚪崖。

1994年5月26日，由"安洲影艺社"组织的探险队聘请了具有多年攀崖经验的山民潘余龙从崖顶悬索而下，在离崖面不到一米的近处拍摄到许多实物照片。根据潘余龙的叙述和从拍到的照片看，蝌蚪崖崖面平整如削，长约40米，宽约50米，成极规则的长方形，面积近2000平方米。绝壁的崖面石质坚硬，布满了一个个凸出的半球，半球高出崖壁平面约5厘米，直径7~12厘米不等。在每个半球边缘，均有一条约2厘米深的圆形小沟。半球之间相隔约15厘米，纵横排列有序，看似日、月、虫纹及海洋生物图案的痕迹。

蝌蚪崖

探险结果披露报端后，引起国内外学者很大兴趣。但结论却众说纷纭，莫衷一是。有的认为这是少数民族古畲族留下的文字；有的把它与六七千年前生活在仙居的下汤人联系起来，认为是先民的遗迹；有的则展开丰富的想象，说那是外星人留下的杰作；而当地老百姓一直相传为大禹治水时所刻，所使用的文字是神秘的蝌蚪文。这个传说由来已久，据地方志，在距今1400多年的东晋时就有官员前往考察。

什么是蝌蚪文呢？其来源有好几种说法。

一种说法是，蝌蚪文原本是鸟虫书的一种。所谓"鸟虫书"就是在字的笔画上增添虫、鱼、鸟等动物形象，比如添上触角、鱼头、翅膀、鸟头之类的附件。应该是古代图画文字的残留，后来又被喜欢古字的学者加以强化。秦始皇统一文字以前，中国有六种字体，鸟虫书就是其中之一。当时，被用来写在传达命令的旗帜上，由于笔画复杂，难于模仿，所以有保密的作用。汉代以后，鸟虫书主要出现在印章中，变成了十足的美术字了。而蝌蚪文原本是鸟虫书的一种，头粗尾细形似蝌蚪，因为趣味十足，特色鲜明，而受到学者的喜爱，将其独立出来，自成一体。

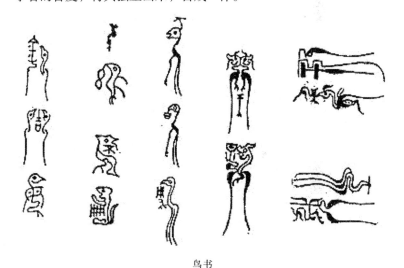

鸟书

第二种说法是，在笔墨发明之前，人们是用竹签点漆，在竹简上写字，这种文字被称为书契文。因竹硬漆腻，书写不流利，竹片上写字的限制又多，因此写出的字头粗尾细，像蝌蚪之形，这种古文也就被称为蝌蚪文。持这种观点的学者甚至认为，在甲骨文中也出现了蝌蚪文的痕迹。

第三种说法是，蝌蚪文是春秋战国时楚国使用的文字。楚国与同时期的其他诸侯国相比，有着截然不同的特点。楚国的王位是自封的，与中原诸侯国也甚少往来，在文化上受南方各个民族的影响较大。屈原的《离骚》与中原的写法有很大的不同。1993年，在湖北省郭店出土了一批有字竹简，属于战国中期偏晚的楚国文字。既古朴典雅、率意自然，又圆润流畅、天真灵动。由于大量圆笔以及弧形笔画的使用，使楚文字看起来像蝌蚪，甚至有一些文字，如"见"、"视"、"蜀"等，就是蝌蚪的形状。

第四种说法是，蝌蚪文是佉卢文的变体。佉卢文，又名犍陀罗文，相传这种文字为印度古神话中的驴唇仙人所创，所以又名驴唇体文。研究表明，佉卢文在公元前250年左右在南亚次大陆出现，至公元3世纪时就已逐渐消失，但经丝绸之路，传播到了中国西部，可能一直到7世纪才彻底被遗弃。中国西部的人将佉卢文结合汉字的造字法进行改造，创制出了蝌蚪文。著名的敦煌遗址里，许多竹简就是用这种文字书写的。

蝌蚪文的起源众说纷纭，一时之间谁也说服不了谁，甚至连什么叫蝌蚪文，都还没有确切的定义。有一种笼统的说法是，秦朝以前的古文都可以称为蝌蚪文。还有人把不能识别的文字统统叫作蝌蚪文。

考据历史，蝌蚪文的名讳第一次出现在史书上是在汉代。

汉武帝末年，鲁恭王刘馀维修孔子的老宅，从墙壁的缝隙里发现了一大批古代竹简。据《汉书·艺文志》记载，这批古籍有《尚书》、《礼记》、《论语》、《孝经》等。当时的人猜测，这是为躲避秦始皇焚书坑儒，孔子的后人把竹简藏进墙壁的缝隙里。王充在《论衡·正说》里说：汉武帝派使者去取来看，可是谁也不认识古籍上的字，于是就把竹简藏了起来，不让任何人看见。为什么会这样呢？一种说法在社会上流传，说那些竹简是用上古蝌蚪文写成的。

又过了三百多年，晋武帝太康二年（281）盗墓者不准在汲郡一座古墓中发现一批战国时期的简牍，包括《纪年》十三篇、《易经》二篇、《国语》三篇、《穆天子传》五篇，合称《汲冢家书》。
该古墓是战国时期魏国襄王王室的墓地，埋葬于公元前278年，是
中国古代出土文献"自然发现"史上的最大发现，而且，传说这些
竹简全部是用蝌蚪文写成的。可惜也可恨的是，当时盗墓贼不知简
牍的重要，竟然焚烧简牍作为照明去寻找其他宝物，等到官府发现
时，这些无比珍贵的简牍都被烧残、烧毁了。当时的学者张华曾组
织人对其进行研究，收获不大。

　　这两个事例证明，在春秋战国时期，蝌蚪文曾经非常流行，以
至于这些经典都有蝌蚪文的版本。秦统一文字之后，蝌蚪文被禁绝
了，只有某些古文爱好者使用。王莽篡汉后一度推行"新莽六
书"，蝌蚪文也是其中之一。三国时的魏国也有古文爱好者，著名
的《三体石经》就是以古文（蝌蚪文）、篆书、隶书三种字体雕刻
而成的。但蝌蚪文到底是一种实用性不强的文字，后世渐渐湮灭，
消失在历史的长河里。

　　那么，浙江仙居的蝌蚪崖上刻的是蝌蚪文吗？中国地质科学院
考察后认为：这些石头是一种典型的酸性火山岩，这类火山岩在浙
江省的山区里到处都能见到，学名叫"石泡流纹岩"。它的石泡构
造正是蝌蚪崖岩石表面的球状突起，但外面的框是古人凿出来的。
至于古人凿框的目的，也许是为了保护那些传说中的"蝌蚪文"。

　　蝌蚪文的真面目，依然不为人知。

（2）女书

　　蝌蚪文是古文，曾经广泛使用，而女书是近年才发现的，只在
一个极其有限的范围内使用。

　　1982年，武汉大学宫哲兵教授在湖南省江永县发现女书，震惊
了世界。

什么叫女书呢？严格讲女书应称为"女字"，即妇女文字，这是一种主要流行于湖南省永州市江永县女性群体中的奇特汉字，所以又叫作"江永女书"，而当地人称其为"长脚蚊（长脚文）"，是世界上唯一的女性专用文字。

女书的使用者主要是当地的汉族妇女，也有当地一些放弃瑶语只用汉语的平地瑶族妇女使用。女书基本上靠母亲传给女儿、姐姐传给妹妹、妯娌之间相互传递等自然方式，一代代传下来。还通过江永县女性婚嫁外地，扩展到附近的道县、江华瑶族自治县的大瑶山和广西部分地区的妇女中。

现在一般认为，女书的存在，主要是由于中国过去的旧思想使当地女性不可以读书识字（即她们所谓的"男书"），所以当地的女性发明了女书，以作为姊妹妯娌之间交流的通信方式。而一般男子只会把女书当成是普通的花纹而不屑一顾。

写在扇面上的女书

目前搜集到的近20万字的"女书"作品，绝大部分为歌体，其呈现方式包括刺绣、刻画、戳印和书写等，其载体形式主要有：纸质布面手抄本、纸片、扇面、布帕、花带等。无论哪种承载方式，都十分讲究形式美。如写在纸张上的四角多配花纹，写于纸扇上的多插绘花鸟图案，而织绣在巾帕花带和服饰上的，则是精美的女红工艺品。在江永县当地，书写在精制布面手写本（婚嫁礼物）、扇面、布帕、纸片上，分别叫作"三朝书"、"歌扇"、"帕书"、"纸文"，而绣在帕子上的，叫"绣字"。

虽然载体不同，但字体秀丽娟细，造型奇特，古意盎然，有点、竖、斜、弧四种笔画，书写呈长菱形，右上高，左下低。斜体修长，秀丽清癯。搜集到的女书文字将近2000个，但是去掉异体字和错别字，基本单字共有1000个左右，常用单字有600多个。

女书文字并非完全生造，而是来自汉字，只是对汉字做了许多简化和改造。女书笔画只有点、直线和弧线三类。根据湖南师范大学语言学者彭泽润教授研究，女书改造汉字的方式有：

第一，分解和合并。把转折的线条笔画分解或者合并。有的在转折位置分解成不同笔画，例如"又"原来是两笔，在女书中写成三笔。

第二，延长和缩短。为了加大跟原来字形的区别，有的延长笔画，例如"山"中间的"丨"突破包围，向下面延长，写成"中"的样子。

第三，增加和减少。为了加大跟原来字形的区别，有的增加笔画，例如"中"增加笔画横，变成"申"的样子；有的减少笔画，例如"手"减少笔画横，变成"于"的样子。更多的是减少结构复杂的汉字的部件，例如"炭"减少上边的"山"，其余部分变成了"木+十"的上下结构。

第四，转向和转移。无论是笔画还是部件都可以改变结构位置。有的笔画通过改变拐弯方向来改变位置，例如"七"中的"乚"写成拐弯方向相反的左弧线条。

第五，类化后重复。原来是两个不同部件的复合字，选择一个部件原形或者进一步简化以后的形体，同时用它代替另外一个部件，构成相同部件符合的字，例如"各"写成两个"夂"上下结构的字。

第六，附加部件。附加符号一般表示声调、送气等具有强类化作用的语音特征。在"分"的左边附加小圆圈表示"魂"，从而从记录阴平音节变成记录阳平音节。

关于女书所记录的语言，近几年经过语言专家的调查研究确定，它既不是湘语、西南官话，也不是瑶语，而是一种流行在江永一带的汉语土话。江永土话又五花八门，光声调就有四个、五个、六个、七个的不同。女书流行的上江圩镇是六个声调，县城是七个声调。由于土话难懂，分歧大，只在局部乡村流行，当地还通行从广西引进的官话。江永全县的官话就非常一致，官话只有四个声调。

女书记载的叙事作品就内容而言，并非女性所独创，但通过口头传承进入女书后，便成了女性心灵世界的投影。作品完全用写实手法，多自叙自叹心比天高、命如纸薄，美好意愿在黑暗中化作泡影的悲苦境遇，并请出民间传说中的神灵帮助逢凶化吉。这些作品的女主人公不仅都是个性张扬的"女强人"，强烈要求和男性地位平等，而且她们极端厌弃鄙视男性所热衷的功名富贵。

每逢节日，女人便聚在一起，吟诵女书作品。没有规范的教材，没有正规的教师和学校，全凭世代用手抄写。作为妇女的贴身、隐私物品，民间又有将之殉葬的习俗。因此，至今没有见到三代以上的女书。关于女书文字的记载，至今能见到的最早的是太平天国（清朝咸丰年间）发行的"雕母钱"。该钱背面用女书字符铸印有"天下妇女"、"姊妹一家"字样。

正因为如此，女书究竟产生于何时，其真正的渊源何在，一直众说纷纭，没有定论。

有人根据当地女书文化活中心之一的花山庙兴起于清代中期，结合发现最早的女书实物，推测女书起源于明末清初。

有人以女书中存在与壮、瑶等民族织锦上的编织符号类同的字符为据，认为"女字的构成源于百越记事符号"。

有人根据女书中有大量与出土刻画符号、彩陶图案相类似的字符，认为其起源的时间、空间可追溯到新石器时代的仰韶文化，形成于秦始皇统一中国文字之后。

装饰带上的女书

有人依据女书文字与原始古夷文的基本笔画、造字法类同，认为它是舜帝时代的官方文字。

有人根据甲骨文和金文假借字在女书字汇明显存在的特征，认为女书是一种与甲骨文有密切关系的商代古文字的变种。

最夸张的说法是，女书起源于史前陶文，发源地应在黄河流域中上游地区，是当年居住于陕西商县一带的苍梧族南迁带到湖南江永山区的古老文字。距今约有六七千年历史，比甲骨文还要早3000多年。这种说法如果是真的话，那女书不但是世界上的古老文字，而且是活到今天的文字，这不能不说是文字史上奇迹中的奇迹了。

关于女书的起源，学者众说纷纭，民间传说也有四种之多：第一种是瑶姬所造，瑶姬是王母娘娘的小女儿，所以这是个纯粹的神话；后面三种都是历史上心灵手巧的女性所造，只是年代和名字不同，一个是很久以前的九斤姑娘，一个是宋朝的胡玉英，还有一个也是很久以前的盘巧，基本上可以认定是后人编撰的。

总而言之，女书是人类历史上一个独特而神奇的文化现象，也是中国语言生活中的一个奇特现象。它不仅符号形体奇特，记录的语言奇特，标记语言的手段奇特，流行的地区、社会功能和传承历史也很奇特。女书具有文字学、语言学、社会学、民族学、人类学、历史学等多方面的学术价值，因而被国内外学者叹为"一个惊人的发现"，"中国文字史上的奇迹"。

但女书的现状不容乐观。

目前，永州市积极实施抢救和保护女书文化工程，通过兴建女书文化村、建立女书博物馆、组织开发女书工艺品，发展女书文化产业，务必使女书文化能够薪火相传。

（3）仓颉书

在前面讲文字起源的时候提到过《仓圣鸟迹石碑》，此书历来被怀疑为汉儒刘歆所作。而学者刘志一经多年研究认为，此书应是用古彝文书写的一段彝族先民祭祀的记录。

（4）夏禹书

石壁篆文，最早见于杨慎的《法帖·神品目》，曰："夏禹书石壁篆文，在平江县昌江山。"而释文最早见于《四库全书·钦定淳化阁帖释文》，释为："出令聂子，星纪齐誊，其尚节化。"这显然无法通读，与大禹似乎也没有什么关系，所以学术界也不认可。

据有关专家研究，夏禹书共12个字，有5个是古彝文，7个是汉甲骨文。译文现有多种说法。

一种说法是："生地严子，留皮齐春，新尚往还。"意译为：

"生地聂子，堕进齐春，欣尚往来。"现代白话文译为："荒野聂人，到了春天，喜欢往来。"记录的是聂人的生活习俗。

另一说法是："生雨严子，坐行参禹，其尚邑勾。""生雨严子"是反映作者起早贪黑、风雨无阻的事业的艰辛，以及对自己和家人严格得近乎苛刻的要求。"坐行参禹"是说，言行讲究，克勤克俭，遇到问题经常自我反省。"其尚邑勾"的意思是在如此艰苦的状态下所获得封赏的城池以及诸侯国会长久兴旺的。

还有人以为它所对应的现代汉字是："生而品足，星纪齐春，其尚也久。"原文应是甲骨文。全篇明白如话，而且押韵，意即知足常乐。

耶鲁大学李辉博士的翻译是"旨临，圣形见，循升，奉献，赏生亡"。意思是：信息传达，神圣的形体出现，循着（轨迹修行得到）升华，奉上祭品，在出生和死亡过程中得到回报。

到底哪种说法是正确的呢？不得而知。

(5) 禹王碑

相传大禹治水，曾"功成刻石衡山"，留下《禹王碑》的传说。该碑一说在湖南衡山祝融峰，一说是在衡山县的云密峰。关于禹王碑的记载，最早见于东汉罗含的《湘中记》，但一直没有找到实物。

宋嘉定年间（约公元13世纪），此碑突然被发现，其字有的笔画头大尾小，于是有人认为是古蝌蚪文；有的字笔画弯曲较多，有人据此断定为虫鸟文；还有断其字为大篆者。但无人破译出来。

在宋末的战乱中，此碑竟然失踪了。世上就只有它的拓片在流传。明嘉靖年间（1522—1566），文人张素将禹王碑碑文拓片带回云南，送给谪戍云南的学者杨慎，经他研究译出了全部碑文。当时的学者沈镒、杨时乔、郎英等都参与了破译碑文。大意是大禹接受了部落联盟首领舜交给的治水任务，历经艰辛困苦，成功地将大水疏导入海，制服洪水，从此天下"衣制食备，万国其宁"。

此后，《禹王碑》名声大振，被摹刻于各地的名川大山中。云南昆明、四川成都、湖南长沙、西安碑林、河南汲县、湖北汉阳等地都有摹刻石碑。

禹王碑

真正的禹王碑到底在哪里呢？

在20世纪80年代至90年代初，在衡山县福田铺乡云峰村七组发现了一块奇怪的巨石。该石重约十余吨，上面有不规整的纹饰，明显可见人工凿痕。当时，这块奇怪的巨石并没有得到重视，以至于被一农户砌房时砌进了墙体。

2007年，湖南省文物专家来到奇怪的巨石旁。经过多次鉴定，专家们认定，这块巨石确实就是失踪已久的禹王碑。这块碑曾为南岳衡山的"镇山之宝"，在尘封千年后终得以重见天日。

禹王碑遗址现已成为湖南省重点文物保护对象。在文物保护界，禹王碑与黄帝陵、炎帝陵同为中华民族的三大瑰宝。

禹王碑碑文共77字，9行，第一至八行每行9个字，最末一行5个字。字形如蝌蚪，既不同于甲骨文和钟鼎文，也不同于史籀文。由于其文字奇特，历代对其内容看法不一。古代多认为是记录大禹治水的内容，而一些学者则认为"禹王碑"并非禹碑，而是战国时代越国太子朱句代表他的父亲越王不寿上南岳祭山的颂词；或者是楚庄王三年（前611）所立，内容是歌颂楚庄王灭庸国的历史过程与功勋。还有一种说法是，禹王碑其实是宋代的人附会大禹故事摹刻的，后来解读时也便出现附会大禹的各种说法。

(6) 红崖天书

红崖天书

红崖山距黄果树瀑布约7千米。在它的半山腰上，有一块巨大的浅红色绝壁，壁长100米、高30多米，远远望去，像一块巨大的红黄横幅悬挂在晒甲山顶上。山崖上有数十个奇形怪状的文字符号，字画混体，大者如斗，小者如升，非雕非凿，如篆如隶，笔势古朴，结构奇特，虽然排列无序，却也错落有致。明代旅行家徐霞客在其著作中曾经提及此处文字，称之为"白水红岩"。

围绕这处流传数百年的神秘文字，存在很多传说，其中三种比较有代表性：一说是三国时诸葛亮南征时留下的遗迹，故又名"诸葛碑"。红岩碑文所在的晒甲山传为诸葛亮南征时的屯兵晒甲之处，明清时的文人便认为是诸葛亮南征时得到彝族默部首领济火的辅佐，在平定西南各族后，结盟修好的纪念碑。二说是蜀汉时爨（cuàn）族首领济火协助诸葛亮南征有功，此碑就是用古爨族文字书写的济火"纪功碑"。三说是殷高宗伐鬼方时的纪功碑。还有一些民间学者提出，这是明朝建文帝在失位之后刻下的讨伐篡位者朱棣的诏书。

（7）巴蜀符号

巴蜀符号，又称巴蜀图语或巴蜀图形文字。20世纪，在四川省出土的战国至西汉初的文物上，发现有150个不同图符。古文字学家研究后认为，这些巴蜀符号主要是古巴蜀土著民族铸印或刻在器物或印章上的一种定型化的象形文字。

在巴蜀符号中，面具纹、神树纹、眼形器纹、手形纹、心形纹、璋形纹、戈形纹等，仍然带有萨满教的原始巫术色彩。这些符号不能一个符号、一个图形地宣读，只有当这些图形符号构成一组特定的"符号"时，它们才

巴蜀符号

有意义，并且这种意义只有当事人才能解释，这为"巴蜀符号"又蒙上了一层神秘的面纱。

它们是文字？是族徽？是图画？或是某种特定的标志及地域性宗教符号？或者，其中某些部分具有文字意味？人们众说纷纭，莫衷一是。因为带有"巴蜀符号"的器物出土较少，加上没有历史文献的记载，"巴蜀符号"也一直没能被破解。

(8) 东巴文字

东巴文是居于西藏东部及云南省北部的少数民族纳西族所使用的文字。东巴文源于纳西族的宗教典籍兼百科全书的《东巴经》。由于这种字由东巴（智者）所掌握，所以称东巴文。

东巴文

东巴文是一种兼备表意和表音成分的图画象形文字。纳西话叫"司究鲁究"，意为"木迹石迹"，见木画木，见石画石。东巴文字形态十分原始，甚至比甲骨文的形态还要原始，属于文字起源的早期形态，但也能完整记录典藏。

东巴文创始于唐代，至今已有一千多年的历史，有1400多个单字，词语丰富，能够表达细腻的情感，能记录复杂的事件，甚至能写诗作文。东巴文被称为世界唯一存活着的象形文字，对于研究比较文字学和人类文化史具有很高的学术价值，被誉为文字的"活化石"。

更令人不可思议的是，随着纳西族社会的发展和民族文化的相互影响，在明末清初，从东巴象形文字演变发展而来的还有一种标音文字，称"哥巴文"。"哥巴"是弟子的意思，哥巴文的意思是东巴什罗后代弟子创造的文字，哥巴文是对东巴文的改造和发展。东巴也用它写了二百多册经书。这种文字笔画简单，一字一音，比象形东巴文进了一步。哥巴文虽有2400多个符号，但重复较多，常用的只有500多个字，标音不标调，同音和近音代替很多，致使运用不广。纳西族创造了两种古文字，而且至今还使用着这两种古文字，这在世界文字发展史上的确是个奇迹。

2003年，东巴古籍被联合国教科文组织列入世界记忆名录，并进行数码记录。2005年，丽江市东巴文化研究院开始进行东巴文国际标准化工作，系统整理东巴文的书写、语音和语义等。

（9）夜郎天书

这是中国考古学家对一份在贵州省赫章的彝族地区发现的古籍的称呼。由于当地的位置属过去夜郎国的国境，所以该古籍被称为"夜郎天书"。夜郎天书共有4480个字，以毛笔烟墨书写，由曲线和圆圈组成，笔画都像篆刻似的被曲折起来。笔画粗细不一，而且疏落有致。

夜郎国因为成语"夜郎自大"而历史留名，但对于夜郎本身，我们还不是很了解。夜郎天书被当代历史学家认为是一条解开中国西南地区在春秋战国时期的文化发展水平的重要线索，因为现在考古学的新发现，都指明当时周朝四周的民族，并非都是蛮夷之邦，而是与周朝一样，拥有高度发达的文化水平。

06　　一种神秘的魔力——汉字崇拜

◇ ⋯⋯⋯⋯⋯

　　中国人对汉字始终有一种说不清道不明的敬畏和崇拜。

　　古代人比现代人崇拜文字。对文字的敬畏和崇拜潜移默化地深入人的心灵之中。他们相信汉字中还隐含着神灵的意旨，汉字与人的前途命运休戚相关。汉字不仅用来治病除邪，还用来预测人的命运前途。这些都是汉字崇拜的具体表现。

　　汉字崇拜首先体现在对于仓颉的崇拜上。在本书第一篇中对于仓颉造字的传说进行了详细的解读，这里不再赘述。值得强调的是，最初是把仓颉当作一个人，认为是黄帝的史官，是造字的圣人，后来则认为他是神，"龙颜四目""声有睿德"，称之为"字圣"，并且为他画肖像、建祠庙、修坟墓，等等，形成了两千年之久的"字圣"崇拜民俗。

（1）敬惜字纸

字纸，顾名思义就是写了字的纸。没有写字的纸无所谓，一旦写上了字，这纸就变得神圣了，需要尊敬和爱惜。

文昌是传说中主管文运的神，因此惜字劝善书往往就假托文昌帝神授，如《文昌帝君劝敬字纸文》、《文昌帝君惜字功律》、《文昌帝君惜字真诠》等。其中《文昌帝君惜字功律》刊有"敬字纸功例"和"慢字纸功例"，善书以"文昌帝君"口吻昭告"劝惜字纸文"，并附"敬字十凡例"。律例规定对各种亵渎侮慢字纸行为的奖惩措施。

古代敬惜字纸的宣传画

旧时孔庙前均设有"敬惜字纸"提示牌。一般乡镇集市也多建有"惜字炉"或"惜字塔（亭）"以化字，并多刻有一副通用对联：能知付丙者，便是识丁人。没有化字炉的也有惜字篓、惜字冢之类的设置。清代还有"惜字文昌会"这样的与惜字有关的民间集会活动。

清初扬州学者石成金在《人事通》里有敬惜字纸"十七戒"，明确说明十七种不能对字纸做的事情：卖废书于人，遗弃污秽中，脚下践踏，嚼烂吐弃，糊窗壁，裱箱屏，包物，覆瓿，拭几砚，擦垢秽，燃灯夜照，刀剪裁破，因怒扯碎，予妇女夹针线，枕藉坐卧于其上，刊淫词，贴揭帖。

（2）各种名位

古人崇拜汉字，把汉字看得非常神圣，以至于认为可以代表神灵。

旧时私塾里必设有孔子"至圣先师"牌位或"天地君亲师"牌位。塾师的桌子像神龛一样，摆在牌位之前。学童入学、惩罚下跪时要面对供奉在上的文字牌位，其地位极其神圣。类似的汉字供奉在道教仪式中还有许多。例如：在家庙宗祠木主牌上，书写名讳，代替祖宗。

民间书写悬挂的"姜太公在此，百无禁忌"字条，或者书刻"泰山石敢当"或"石敢当"小石碑，都是古代中国民间的辟邪物。古人赋予了这些字降邪、镇鬼、祈福神力。

与此类似的还有一些地方路旁常见佛教的"南无阿弥陀佛"石碣。据说在路旁每隔一段，立一上书"南无阿弥陀佛"的石碑，可以保佑行路安全，并能给人以安全感。

（3）祷告诗文

古人对汉字的魔力深信不疑。战国后期，秦楚争霸激烈，秦惠文王祈求天神保佑秦国获胜，诅咒楚怀王和楚国败亡，故听从方士建议，刻《诅楚文》于石块上，祭祀后沉入朝那湫（在今甘肃开城

县）水中。北宋时发现三块，根据所祈神名分别命名为"巫咸"、
"大沉厥湫"、"亚驼"。

诅楚文

这样书写文章以烧化祷告神灵的迷信活动在后世极为普遍。如
因道教而产生的文体"绿章"就是。绿章亦名青词、青辞、清词，
是道教敬献天神的奏告文书，通常是用朱笔写在青藤纸上，故称。
古人认为，人神之沟通，可以依赖汉字来进行。明朝时道教得到了
皇帝的喜爱，以至于扬佛抑道的《西游记》一度成为禁书，好几个
大奸臣就是因为擅长写青词而得到皇帝的宠信。

"文化大革命"中，在街道地上乱写名字以表示让"千万人践
踏，永世不得翻身"或对被批斗人员的名字打叉、倒写等表示侮
辱、泄恨的行为，也是汉字崇拜的一种遗风。

直到现在，还有给因惊吓而哭闹不止的孩童写"路符"和"拘魂符"的。路符多写"天皇皇，地皇皇，我家有个夜哭郎。过路君子念三遍，一觉睡到大天亮"。这是希望借助汉字的神秘力量，消止孩童的吵夜之症。

（4）祭文与扶乩等

各种祷告祭文乃至于"扶乩"等等活动，无不是以汉字崇拜为基础的。唐朝时潮州鳄鱼为祸，韩愈写下《祭鳄鱼文》，义正词严地劝诫鳄鱼，令其搬迁，就是祭文的最佳例子。

扶乩又作扶箕、持鸾，也称降笔，也就是请神写字，在汉朝特别流行。两人或一人扶住一种架子，在预设的沙盘上写出文字，并做出神灵旨意解释，为古代所谓"天人交通"术的一种。通过扶乩者，进行人与神灵沟通。乩者通常以桃柳枝为书写工具，先请吕祖仙师上身，然后降书字于白沙土上，扶乩手写出的字称"乩文"。除了在沙盘上写字外，据说还有"乩坛有用毛笔作锥笔蘸墨写在纸上者，笔画超脱，非凡人所能为。而作乩手者不必能书，甚至不识字，亦奇事也"。这种"不识字"而能写汉字乩文的说法是令人难以置信的。扶乩在汉朝特别流行，当时无论是皇家贵族还是平民百姓，都热衷于此。王充的《论衡》一书中，专门就此事做过批判。

道教的"符箓"是汉字崇拜的延伸和变种，那些似字非字的神秘符号，其本源仍是汉字崇拜。符箓起源于东汉，是符和箓的合称。符指书写于黄色纸、帛上的符号，笔画屈曲、似字非字、似图非图；箓指记录于诸符间的天神名讳的秘文，一般也书写于黄色纸或者帛上。道教认为符箓是天神的文字，是传达天神意旨的符信，用它可以召神劾鬼，降妖镇魔，治病除灾。

这种"符箓"上的字，复杂繁难，一般人不认识。成语"鬼画桃符"最初就是用来形容道士们写的这种字，而现在用来描述一切写得潦草难认的字。

（5）测字

文字本身也被赋予了某种神秘的力量，或者蕴含着命运的枢机，或者预示着神鬼的意志。人们便解拆字形，以预测吉凶和决定宜忌趋避。于是测字术产生了。后人认为，汉字象形的根本和古人追求天人合一是测字来源的根本。

在汉字几千年发展过程中，测字被很多风水看相之家结合自己的方法发扬光大，其中流派众多，方法不一。测字有多种方法，归根结底无非两种：第一，根据字体本身。根据字本身形状或者拆字，也有用九宫格把字拆分成各个单位的方法，附会其意以求吉凶。第二种方法便是数理法，类似于算卦排盘，利用阴阳五行八卦之数来测算吉凶。

这里讲两个测字的故事：

传说明成祖朱棣在北京当燕王时，有一次私访，见一测字先生，他便随意写了一个"帛"字求测前程。不料先生见字大惊，以头伏地，连称"死罪"。朱棣不解，请道其详。先生俯首而言："此字'皇'头'帝'足，定做非常之人。"后来，朱棣发动政变，把侄儿朱允炆赶走，自己当了皇帝。

又传说李自成攻入北京之前，崇祯派一名宦官微服出城，打探敌情。见一测字先生正在为人施测。宦官挤上前去，说用"朋友"之"友"求测国事。先生摇头而叹："国事不佳，'反'贼出头。"

宦官惊而改口："是有无之'有'。"先生言道："益不佳矣，此乃'大'字去一半，'明'字失半边，实亡国之兆。"宦官面如土色，忙说："不对不对，我说的是地支中'申酉'的'酉'。"先生直言："更是不佳，酉字为'至尊'之'尊'被斩头截足，不得全尸矣。"宦官吐舌难收，半晌踉跄而还。其后，崇祯死守北京之心全失，自缢于煤山（今之景山）。

(6) 取名

汉字崇拜与阴阳五行学说相结合，就使得中国人给孩子取名字成了一项复杂的迷信活动。先要看生辰八字，也就是出生时间，推算出五行缺什么，然后按照缺什么补什么的原则，在名字里用上相应的字，认为这样就能改变这个人的命运。比如，闰土就是五行缺土才叫这个名字的。但用了土字也没有能改变闰土悲惨的命运。

(7) 文身

文身就是用有墨的针刺入皮肤底层而在皮肤上制造一些图案或文字出来，有的表示崇拜，有的是为了美丽，还有的是为了宣扬和炫耀。这事儿自古就有。文上汉字，则也是汉字崇拜的体现。

在唐朝，白居易的诗歌非常流行。有个叫葛清的人特别崇拜白居易，自脖子以下，浑身文满了白居易的诗。段成式听说了，专程跑去看，发现葛清身上不仅文有白居易的诗歌，而且还图文并茂，例如"不是花中偏爱菊"，就文着一个人端着酒杯站在菊花丛边；"黄夹缬林寒有叶"，则文有一棵树，树上挂着有花纹的丝织袋子。段成式一数这些文身图案，竟有三十多首诗。

到了现代，在身上文汉字成为一种世界性的风潮。很多外国人并不认识汉字，只是单纯认为文了汉字很漂亮，也因此闹了很多笑话。

著名英国球星贝克汉姆就在身上文了八个汉字"生死有命富贵在天"。另一名德国球员弗林斯在他的右臂上文有"龙蛇羊勇吉"，而在背上则文的是令人忍俊不禁的"酸甜鸭子：7.99 欧元"。原来，他有一次去中餐馆吃酸甜鸭子，吃过之后发觉味道相当不错，便决定吃啥文啥，将中餐的一道菜名和报价文上了身。

（8）吉祥文字

中国古人云："吉者，福善之事，祥者，嘉庆之征。"喜庆吉祥，福寿平安，是中华民族千古永恒的热望和追求，是民俗民风的一种表现。它代表着人们的祈求心理，具有一定的社会意识倾向与感情色彩。也是汉字崇拜的一种体现。

吉祥字，属于装饰艺术范畴，是生活美化的组成部分。古往今来，吉祥字深入生活的各个角落，上至高甲门第，下及陋巷蓬居，都能寻见踪迹。从这一点说，它是无社会偏见的，真正做到无私服务，受到人民大众的欢迎。

吉祥字用单体、双体、组合体三种形式表现。单体如"福"、"禄"、"寿"；双体如"囍"；组合体如"开门见喜"、"黄金万两"、"招财进宝"、"吾唯知足"、"日进斗金"等。

"黄金万两"是民间俗写汉字的巧妙组合之一。图案用"黄"与"金"字相连，"金"字与"万"字相连，"万"字与"两"字相连，构成"黄金万两"，多贴于店铺、厅堂，象征财源茂盛，大吉大利。

"招财进宝"也是一幅民间流行的吉祥字组合。图案由"招"、"财"、"进"三字组成。以招字的"扌"与繁体宝字的"贝"，巧妙地组合成"财"字，借大而长的进字的"之"，如船运财宝之形。四字组合，寓"生意兴隆通四海，财源茂盛达三江"之意。

"日进斗金"是流行民间的又一种吉庆文字的组合。图形多为菱形，贴在店堂或柜台上，以求买卖兴隆，财源茂盛，日进斗金。

"吾唯知足"一款，更是构思奇巧，一枚铜钱，象征财富（钱财），中间一个口字，是铜钱的眼，"五、隹、矢、止"四个字，各加上一个口，有机地组合成为一句"吾唯知足"的诫词。造字的人是何等用心良苦，奉劝那些有钱之人要知足，不要钻在钱眼里出不来，成为金钱的守财奴。

吾唯知足

结婚人家在门上挂"凤凰到此"、"麒麟到此"红纸条；建房时则贴"安梁大吉"、"紫气东来"、"龙甲凤科"等红纸条，都属于此类。

蝙蝠本来是一种看上去挺鬼祟的动物，可是因为蝠和福同音，因而也被人们赋予了吉祥的寓意。蝙蝠喜欢倒挂，那就表示福气到了。所以，蝙蝠倒挂的图案堂而皇之地出现在颐和园这样的皇家庭院里。

07　此处略去——汉字的避讳

◇ ·····················

既然汉字具有无法言说的魔力，那在某些地方就需要避讳，以免招来祸害。避讳首先出现在名字上，对于名字的避讳同时也是最重要且影响最为深远的。

自周朝开始，古人就有了讳避称谓的习俗。最初，是在人死后，不能直接称呼他的名字。如果必须称呼死者的名字时，应称其讳，即其神名。这种人死后称其讳，而不称其原名的习俗，是要将一个人的阳世与阴世区别开来，使得鬼神不能知晓他的原名，因而不能危害与其原名有着许多联系的阳世间的所有事物。

周朝讳事初兴，并不完善。到了秦汉时代，避讳缺席渐臻完备。《史记·秦始皇纪》中已有"秦俗多忌讳之禁"的记载。而且，不但人死后讳名，生前也要讳名了。这可能与当时用名字实施巫术的风习兴盛有关。传说默念仇人的名字，或是书写某人的姓名就可实施黑巫术，将某人置于死地。最初的避讳是在上层社会与权威人士之间实行，后来流行于民间，影响到各家各户，成为一种沿袭两千年之久的社会习俗。

这种避讳习俗根深蒂固，影响深远。如果不搞懂这个，你就会对历史上的很多事无法理解。

一般认为，避讳分为三种：

一种是家讳，是一个家族中后辈避祖先的讳。家讳仅限于同宗的亲属内部，族外之人与之交往过程中，也必须尊重别人的"家讳"。"家讳"体现了封建伦理道德，并得到法律的承认。

一种是国讳，是整个国家的人都要避的，往往是避帝王或帝王亲属的讳。在外交上，互相尊重对方的"国讳"，是重要礼节之一。

第三种是圣人讳。清朝雍正时规定，孔孟名讳必须敬避，尤其是孔子之名丘，凡古书中有此字，必须改为缺笔字，姓、名及地名中的丘必须改为"邱"字。

家讳的影响只在一家之内，有时无伤大雅，有时还能有所创新，但有时却是纯粹的悲剧。

司马迁写《史记》，因其父名"谈"，所以要避讳，把"赵谈"改为"赵同"，把"李谈"改为"李同"，改"张孟谈"为"张孟同"。范晔之父名"泰"，于是写《后汉书》时他改"郭泰"为"郭太"，"郑泰"为"郑太"。

苏轼的祖父名"序"，而苏轼是个名作家，需要写很多序。怎么办呢？他只好把他作品中所有的"序"，都改称为"引"或者"叙"。这三种称呼现在都还在使用。

清朝刘温叟，因其父名"岳"，竟然终身不听乐。

有一个叫袁师德的人，因为父亲名叫袁高，"糕"、"高"同音，一辈子就不能食糕。

最倒霉的要数李贺。他本来是个才华横溢的诗人，能写出许多像"黑云压城城欲摧，甲光向日金鳞开"这样精美绝伦的诗句。在唐朝，读书人参加进士考试是条重要的出路，大家都相信以李贺的才华一定能够考中。但是，因为李贺的父亲名字叫"李晋肃"，其中的"晋"跟进士的"进"同音，那是"家讳"，因此李贺不能去参加进士考试。大文豪韩愈特地写了一篇著名的《讳辨》来为李贺辨解，可面对强大的社会舆论压力，韩愈也无能为力。李贺有才而不能参加进士考试，竟郁郁而终，年仅27岁，后人称其为"诗鬼"。

与家讳相比，国讳则全国都要避，带来了很多麻烦。若是偏僻的字还好，若是常用字，会给整个国家的人都带来不便。

秦始皇姓嬴名政，为避讳"政"字，就改"正月"为"端月"，或改"正"字的读音为平声。

汉明帝刘庄，为避"庄"讳，庄姓之人都要改姓，不但当时的人不能姓庄，历史上以前姓庄的人也要改姓。汉代实行黄老之术，休养生息，道家学说盛行，推行老庄之术，而汉代都写作"老严之术"，因为庄子不能姓庄，庄与严是同义词，故庄姓皆改作严姓。富阳有一著名景点严子陵钓台，须知严子陵本姓庄，因避国讳被强迫改姓为严。

屈原在《天问》中写道："飞镜无根谁系，姮娥不嫁谁留？"句中的"姮娥"就是我们如今熟识的"嫦娥"，是为了避汉文帝刘恒的讳，由"姮娥"改为"嫦娥"的。

殷字常作姓，也可用来取名。宋太祖父亲名弘殷，宋代避其讳，名字中有殷的人都要改字，而殷姓之人也必须改姓，可有两个选择，一作商，因为殷朝也称商朝，另一选择为汤，取自商王汤。故宋人殷绍改为商绍，殷悦改为汤悦。

今有文姓与苟姓，是为避后晋高祖石敬瑭之讳，改敬字为文或苟。

唐太宗李世民的出现，更让无数唐人文章中的"民"变成"人"，柳宗元就写过"养人术"（见《种树郭橐驼传》）这种不伦不类的语句。当时人们的共识是：宁肯意义不明、句子不通，也绝不敢在此事上计较短长。镇压过隋末瓦岗军的王世充，在唐人撰《隋书》时，为避李世民讳，改"王世充"为"王充"。而且，观音原来叫观世音，为避李世民的讳，改叫观音了——连神仙都必须让着人间的帝王啊！

马桶在汉代的时候叫"虎子"。皇帝用的是玉做的，大官呢，就用陶器做的。但是这个称谓到唐代就不能用了。因为唐高祖李渊的祖父叫李虎，需要避讳。怎么避呢？虎、马都是大兽，虎子就改称了"马子"。后来，因为民间更多的时候用的是桶，因此称之为"马桶"。这个叫法一直沿用至今。

宋高宗名赵构，为了避他的讳，竟将够、沟、购等一连五十几个同音字全部禁用。

除了人名以外，避讳现象对地名和书名还有其他方面都有影响。秦始皇之父名子楚，《史记·秦始皇本纪》中称"楚"为"荆"。野鸡原有一雅称"雉"，为避吕后吕雉的讳，而只能被称作野鸡。福建长乐原名广乐，为避隋炀帝杨广的讳更名长乐。广陵（扬州）也因此改称江都。安史之乱后，唐肃宗憎恶安禄山之名，改安化郡为顺化郡，广东宝安县也被改为东莞县。宋真宗赵恒，诏令天下讳恒字，恒字避讳为常，五岳中的恒山一度被称为常山。宜兴原名义兴，宋初避宋太宗赵光义的讳而改。

富阳以前叫富春，由于晋简文帝母亲小名阿春，待他登基，其母便贵为太后，简文帝遂在登基的第二年诏令天下避太后之讳春字，故富春改称富阳。《春秋》之名也因此不能再用，改称《阳秋》，晋代史书便名《晋阳秋》。《春秋》相传为孔子所作，内容看似简单，笔法却厉害，据闻一字一句都有褒贬，正所谓微言大义。"皮里春秋"指的就是这个意思，然而晋代给改成了"皮里阳秋"，并一直沿用到现在。

这些避讳现象都直接影响到我们对古代文化、古代语言文字的理解。例如，州官田登，因避讳登（灯）字，竟把"放灯"改为"放火"，于是留下"只许州官放火，不许百姓点灯"的成语典故。

避讳的方式有：

第一，用同义的词代替。如：古时表示国家多用"邦"字，但等到刘邦成为皇帝之后，为了避他的讳，古籍中的"邦"便都变成了"国"。

第二，用同类的词代替。如：汉光武帝刘秀登基后，天下的秀才都必须改名，秀有茂盛意，故改称茂才。

第三，改变字形。如：缺笔（孔丘的"丘"省略一竖），改字（"石"变为"右"），增省笔画（"装"变为"壮"）。宋高宗赵构绍兴八年版《世说新语》，全部用缺笔法避宋家帝王讳，"玄朗"、"弘殷"、"敬"、"匡胤"、"恒"、"桓"等字皆缺末笔。

第四，空字。即将应避讳之字空而不书，或作"某"，或作空围"□"，或直书"讳"字。如《史记·孝文本纪》："元年正月，'子某最长，纯厚慈仁，请建以为太子。'""某"即汉景帝刘启。许慎在《说文解字》中，对当朝皇帝安帝刘祜以及上至光武帝刘秀凡五帝之名，皆采用空字法，避而不书，仅作"上讳"二字，更不释其形、音、义。

　　幸好此种避讳今天已经不流行了。在古代，避讳不但让人无端生出许多麻烦，还有不少人因为犯了忌讳而掉脑袋乃至全家遭殃。也不是所有时代都热衷于避讳，魏晋时的名人就经常拿别人的避讳开玩笑，不把避讳当回事。清朝顺治帝叫福临，要是叫天下人都避讳这个"福"字，连五福临门这样的吉祥话都不能说，顺治帝自己都不好意思，因此他下诏书，叫大家不用避福临的讳。

　　本来，人都是要死的。但对于死后的世界，古人一无所知。无知产生恐惧。死亡因此成为古人最为恐惧，因而也是最忌讳的事儿了。对于死亡的恐惧，一句话就可以描述出来，那就是不能提到"死"字。

　　《礼记·曲礼》云："天子死曰崩，诸侯曰薨，大夫曰卒，士曰不禄，庶人曰死。"这是从贵贱、尊卑方面对死事的异称，是等级观念的表现，然而也含有对"死"字的避忌意义。

　　社会各个阶层也极力想要摆脱"死"字的不吉阴影。士大夫阶级又称"死"为疾终、溘逝、物故、厌世、弃养、捐馆舍、弃堂帐、启手足、迁神、迁化等等；庶民百姓也把"死"称作卒、没、下世、谢世、逝世、升天、老了、不在了、丢了、走了等等。如今在战场上为国家和民族而战死的人，也被称作是捐躯、牺牲、光荣了等等。以这些满含褒义的赞词来讳避开那个"死"字。

　　少数民族也忌讳死字。鄂温克族老人死了，不许说"死了"，而要说"成佛"了。小孩死了，也不许说"死了"，而要说"少活了"。回族忌说"死"字，要用"无常"、"殁"等代替。其他各族及各种宗教中都有许多字词是用来代替"死"字的。如果认真统计一下，恐怕不下百八十种。产生这种语言情形的原因，恐怕不能不说是与人们讳言"死"字有关的。

不但书面语要避讳，平日说话为了避忌"死"字，广州一带，还把"气死我"说成"激生我"；把"笑死我"说成"笑生我"。有些地方的人就连与"死"字同音的字也都要避开，如常常有意识地把姓史的"史"念成"吏"，把姓施的"施"念成"胜（生）"。还有的人连"四"、"十"等字音也避忌，因其与"死"字相谐。

平时与死亡、丧葬相关的事，也忌讳提及，以免引起不好的联想。比如民间忌讳说"棺材"，要说成"财（材）"、"寿材"、"寿器"等等。殡葬时棺材进门要说"官（棺）也来，财（材）也来，财丁（材钉）两旺一齐来"等等吉语，以破不祥。

为了防止凶祸的事情发生，民间在语言方面还忌讳说出与凶祸直接或者间接有关的词语。比如广州一带，旧时因为方言"空"与"凶"同音，所以把"空屋招租"改成"吉屋招租"。乘船的人，忌讳说"住"、"翻"，所以称"箸"为"筷"，称"帆布"为"抹布"。其他如"沉"、"停"、"破"、"漏"之类的话语也都在禁言之列。

总之，避讳这件事在有些人眼里看得特别重。

08　　　　　鬼魅与妖兽——文字狱

◇⋯⋯⋯⋯⋯

对文字的崇拜的最高形式，或者说避讳的极端形式，就是文字狱。

所谓文字狱，是指皇帝和大臣故意从作者的诗文中摘取字句，罗织成罪，杀害作者，甚至将作者满门抄斩乃至株连九族。

追溯文字狱的历史，大概要从秦始皇"焚书坑儒"说起。据《史记》记载，在秦始皇三十四年（前213），一位朝廷的高官淳于越反对当时实行的"郡县制"，要求根据古制，分封子弟。丞相李斯加以驳斥，并主张焚烧《秦记》以外的列国史记，禁止"儒生"（读书人）以古非今，想学法令的人要以官吏为师。这种措施引起许多读书人的不满。第二年，"诸生"言语攻击秦始皇。秦始皇派人调查，将四百六十多人挖大坑活埋。历史上称为"焚书坑儒"。

《汉书》记载，司马迁的外孙杨恽因《报孙会宗书》令"宣帝见而恶之”，而以大逆不道的罪名判处杨恽腰斩。

曹魏末年，嵇康因写作的《与山巨源绝交书》令执政者司马昭“闻而恶之”，而被斩于东市。

南北朝时期的北魏太平真君十一年（450）六月，北魏大臣崔浩因主持编纂的国史揭露了北魏统治者拓跋氏祖先羞耻屈辱的历史，被魏太武帝下令族诛，同时株连被杀的还有崔浩姻亲范阳卢氏、太原郭氏和河东柳氏等北方大族，史称“国史之狱”。这是中国历史上第一次大规模的文字狱。

明太祖朱元璋参加过元末农民起义，十分讨厌“贼”、“寇”等字眼，又因为他当过和尚，所以对“光”、“秃”、“僧”这些字都非常讨厌。有一次，杭州府学教授徐一夔在书上用“光天之下”、“天生圣人”、“为世作则”等语赞美朱元璋。朱元璋却牵强附会，硬认为“光”是指光头，“生”就是“僧”，是在骂他当过和尚，“则”与贼近音，意在骂他是贼，竟下令把徐一夔杀了。

此外，还有浙江府学教授林元亮因所作《万寿增俸表》中有“作则垂宪”句被杀；北平府学训导赵伯宁因作《万寿表》中有“垂子孙而作则”被杀等等。洪武三十年南北榜案中，考官因所进试卷中有“一气交而万物成”及“至尊者君，至卑者臣”，被认为讥讽朝廷，有凶恶字而获罪。

文字狱历朝皆有，但以清代为最多。

清代的文字狱是空前绝后的。中国的传统文化，也因此而扭曲变形。

明史案是康熙年间第一文字狱。

明熹宗天启朝内阁首辅朱国祯受魏忠贤排挤，告病回到老家浙江乌程（今浙江湖州），编了一本《皇明史概》。清代初年，浙江湖州有个叫庄廷鑨的富户，是个盲人，受"左丘失明，厥有国语"的鼓舞，也想搞一部传世史作。但他自己并不通晓史事，于是出钱从朱国祯后人处买了史稿，并延揽江南一带有志于纂修明史的才子，补写崇祯朝和南明史事，后以《明史辑略》之名刊刻出版。

起初本无事，但几年之后，几个无耻之徒盯上了这本书。

原来，《明史辑略》在叙及南明史事时，仍尊奉明代年号，不承认清代的正统，还提到了明末建州女真的事，如直写努尔哈赤的名字，写明将李成梁杀死努尔哈赤的祖父，斥骂降清的尚可喜、耿仲明为"尚贼"、"耿贼"，写清军入关用了"夷寇"等等，这些都是清廷极为忌讳的。

那几个无耻之徒拿着这本书去敲诈庄家。当时主事者庄廷鑨已死去多年，庄家仗着有钱买通官府将敲诈者一一顶回。不想一个叫吴之荣的小官竟然告到了北京。当年康熙年幼，掌权的是顾命大臣鳌拜，鳌拜对此事大为恼怒，颁旨严究。于是与庄家《明史辑略》有关联的人大祸临头。康熙二年（1663）5月26日，清军将《明史辑略》案一干"人犯"七十余人（为《明史》写序的、校对的，甚至卖书的、买书的、刻字印刷的以及当地官吏），在杭州城弼教坊同时或凌迟、或杖毙、或绞死。"主犯"庄廷鑨照大逆律剖棺戮尸，另有数百人受牵连发配充军。

庄廷鑨明史案开了以"逆书"索赂的恶劣先河。一些恶棍效法吴之荣，去挑别人书文中的纰漏，牵强附会，指为"逆书"，漫天敲诈。后来竟发展到恶棍们索性自制逆书，想敲诈谁就把谁的名字列上。

雍正朝的文字狱始自年羹尧案，接下去又有钱名世名教罪人案、查嗣庭案、谢济世案、陆生楠案、吕留良案、屈大均案等文字狱，每次均有数十到数百人被杀或者流放。其中有些案子，真的非常荒唐。

雍正八年（1730），翰林院庶吉士徐骏在奏章里把"陛下"的"陛"字错写成"狴"字，雍正见了，马上把徐骏革职。后来再派人一查，在徐骏的诗集里找出了这样的诗句："清风不识字，何事乱翻书"，"明月有情还顾我，清风无意不留人"，于是雍正认为这是存心诽谤，说清代皇帝没有文化，照大不敬律斩立决。

查嗣庭去江西做考试官，出了一道作文题"维民所止"。这个词源出《诗经·商颂·玄鸟》。原文是"邦畿千里，维民所止"，大意是说，国家的广阔土地，都是百姓所栖息、居住的，有爱民之意。但是，雍正听说后，觉得"维止"两字是"雍正"两字去了头，这岂不是要杀自己的头吗？于是，雍正下令将查家逮捕严办。查嗣庭受到残酷折磨，含冤死于狱中，这还不算，连尸身都不得安宁，受到戮尸之辱。查嗣庭的儿子也惨死狱中，族人遭到流放，浙江全省士人受此牵连，六年不准参加举人与进士的考试。

到了所谓的"圣主"、"十全老人"乾隆帝时，文字狱则达到登峰造极的地步，共发生一百三十余案。其中四十七案的案犯被处以死刑，这意味着生者凌迟、死者戮尸、男性亲族15岁以上者连坐立斩。由牵强附会、望文生义、捕风捉影造出的文字狱，如脱缰野马不可控制。甚至一些疯子胡乱涂抹也被定为"逆案"，凌迟处死。荒唐到极点。

乾隆年间的文字狱起于"伪孙嘉淦奏稿"案，紧随其后是王锡侯《字贯》案、徐述夔《一柱楼诗集》案等众多文字狱。

"高己卑人，雄才易事"的乾隆，在位60年，其中31年处于"文字狱高峰"，更创造了有清一代乃至中国封建专制史上文禁最严、文网最密的"辉煌政绩",远远胜过了顺治、康熙和雍正。其将"文字狱"对象由上层官绅扩展到粗通文墨的下层平民,其开创"阃中墨牍必经词臣造订,礼臣校阅,方许刊行"的"言论检查"制度,居然被后世讴歌为"千古一帝",实在是滑天下之大稽。

文字狱之外,乾隆命人以编修《四库全书》为名,要求全国各地私人藏书全部进献到京城。在所谓编修的过程中,不利于清朝的文献要被禁毁,当时查缴禁书达三千多种、超过十五万部,总共焚毁的图书超过七十万部,禁毁书籍与四库所收书籍一样多。连宋应星的科技巨著《天工开物》也因为有碍于愚民而禁毁。后世学者吴晗感慨:"清人纂修《四库全书》而古书亡矣!"对于不能不收录的名家名作则大肆篡改。比如岳飞《满江红》名句"壮志饥餐胡虏肉,笑谈渴饮匈奴血","胡虏"、"匈奴"在清代是犯忌的,于是《四库全书》馆臣把它改为"壮志饥餐飞食肉,笑谈欲洒盈腔血"。难怪鲁迅说《四库全书》不仅藏在内廷,而且"还颁之文风较盛之处,使天下士子阅读,永不会觉得我们中国作者里面,也曾有过很有些骨气的人"。

据统计,顺治帝兴文字狱7次,康熙帝兴文字狱12次,雍正帝兴文字狱17次,乾隆帝兴文字狱130多次。所谓康乾盛世,不过是欺世盗名罢了。文字狱为祸甚烈,不只在于杀戮了多少人,它造成了严重的社会恐慌,摧残人才。许多人才不敢过问政治,从而禁锢思想,严重阻碍了中国社会的发展和进步。

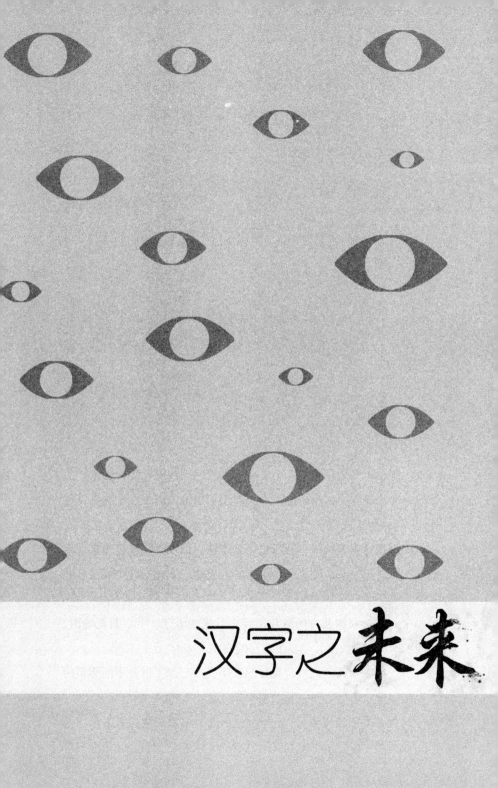

汉字之未来

01　　　　　　　　润物细无声
——汉字对少数民族的影响

◇ ┈┈┈┈┈┈┈

　　中国是世界上仅有的几个文明古国之一。汉字作为中国古代文化的一个代表方面，从历史上看，对于中国境内的少数民族以及境外许多国家和地区，都产生了很大的影响，形成了一个"汉字文化圈"。

　　根据现有资料统计，从历史上到现在，借用汉字或模仿汉字而记录汉语以外的语言的文字，达到20种之多。下面选几个有意思的说说。

　　宋朝时，我国北方的游牧民族先后建立了辽、金、西夏等国，这些国家都参考汉字，创制了自己的文字。

　　契丹族建立辽国之后，就参照汉字先后创制了两种不同类型的文字：契丹大字和契丹小字。

　　契丹大字创制于公元920年，是由辽太祖耶律阿保机下令由耶律突吕不和耶律鲁不古参照汉字创制的，应有三千余字。由于契丹境内的汉族都使用汉文，契丹大字只通行于契丹民族中，而且契丹上层统治者大都通晓汉文，并以汉文为尊，因此契丹大字的使用范围非常有限。

契丹文

契丹小字由耶律迭剌受回鹘文启示对大字加以改造而成。小字为拼音文字，较大字简便，契丹小字"数少而该贯"，即原字虽少，只有约五百个发音符号，却能把契丹语全部贯通。

金国灭辽后，于金章宗明昌二年（1191）"诏罢契丹字"，契丹文字从此绝迹。从创制到废止，前后共使用两百余年。

从后世出土的契丹文碑刻、墓志和符牌来看，契丹字分正楷、行草、篆书等字体，篆体字的拼写方式异于正楷和行草，采取鱼贯式而不是层叠式。行文的款式自上而下竖写，自右而左换行，敬词抬头或空格。令人疑惑的是，在契丹文中，同一个词或词素表现在文字上可以有不同的拼写形式，因此，到现在为止还没有一个完整的契丹语句被解读出来，是中国文字史上著名的难题。

女真族最初受辽国的统治，使用契丹文。1115年，女真族首领完颜阿骨打称帝建立金国，十年后的1125年灭掉了辽国。金国的内外公文交往几乎全用契丹文，这与金人女真语毕竟颇有距离，完颜阿骨打即令曾经学过契丹文和汉字的臣僚完颜希尹和叶鲁仿依契丹大字和汉字为基础试制女真文字，并于金天辅三年（1119）诏令颁行，此即后世所谓女真大字。20年后的金天眷元年（1138），熙宗完颜亶参照契丹字创制颁布另一种女真文字，此即后世所称女真小字。女真文字，与汉字同为官方文字。女真字结构简单，笔画有横、直、点、撇、捺等。书写方式自上而下，由右向左换行。女真文制定后，成为金国官方通行文字，对金国社会文化的发展起到了积极作用。

女真文字

蒙古人灭掉金国后，不准使用女真文，女真文也只存在了两三百年。现在，女真文主要保存在图书、碑铭、铜镜、印鉴和题记上，总体数量极少，而且多为女真大字。

西夏国是党项族所建立。西夏景宗李元昊命大臣野利仁荣于1036年创制西夏文。西夏文仿照汉字创制，约有6000多字。它的形体轮廓基本也是方块，也由点、横、竖、撇、捺等汉字基本笔画组成，但没有汉字常见的竖钩，对撇、捺等斜笔运用较多。由于笔画繁多，结构复杂，多数字都在十画以上，认记、书写都有一定难度，就连汉字中书写最为简单的数字，到了西夏文里笔画也相当繁杂。西夏文还有楷书、行书、草书、篆书等类似汉字字体的区别，而西夏文的构字方法，有许多也与汉字"六书"大致相同。

西夏文字

西夏文曾在西夏王朝所统辖的今宁夏、甘肃、陕西北部、内蒙古南部等的广阔地理带中，盛行了约两个世纪。元、明两朝，仍在一些地区流传。当时还有人编纂了多种类型的西夏文字典，包括《文海》、《音同》、《番汉合时掌中珠》等，成为今天研究西夏文字的重要资料。

1227年，西夏被蒙古人所灭，西夏文字也就逐渐失传了。

建立了元朝的蒙古人，在没有创制自己的文字之前，采用汉字的同音字加上一些特殊的标记，来记录自己的语言。他们有一部12卷的伟大著作《蒙古秘史》，就是用这种方法写出来的。

后来，忽必烈命令国师八思巴根据当时的吐蕃文字而创制一种文字，用以取代标音不够准确的蒙古文字。然而，此时横跨欧亚的蒙古帝国已经分裂为大元和四大汗国，各自为政，因此八思巴字一直只有元朝采用，并主要用作汉字的标音符号。元朝被明朝推翻之后，八思巴字遂废弃不用，但还在北元通行过一段时期。到了明末，蒙古高原的蒙古人被其他国蒙古民族同化，转而重新采用蒙古文字。

显而易见，文字的创制是民族文化发展到成熟阶段的重要标志。无论是辽金夏，还是后来的蒙古，一建国就迫不及待地创制自己的文字，这既是政治的需要，也是文化的需要。然而，国力一旦衰退，乃至国家被别国所灭，该国文字也就随之烟消云散，成为历史的痕迹。

此外，古代壮族使用过仿照汉字造出来的"方块壮字"。这种"方块壮字"多数是形声字，如"妳"字从"女"，表示"女人"的意思；用"巴"作声符，表示该字在壮语中的读音与"巴"相近。"汏"字从"水"，是"河"的意思；用"大"作声符，表示它的读音。

瑶族在唐朝时流传过一种汉字式的瑶语文字，形体与壮字类似，用来记录本民族的传说和歌谣。但因为瑶族居住分散，后来这种文字就逐渐消亡了。

苗族历史上曾使用过汉字式的苗语文字，有学者称之为"方块苗文"，也是多用汉字的形声、会意等方法造字。这种文字，至今还遗留有三种标本：板塘苗字、老寨苗字、古文苗字。

水族在1949年以前所采用的文字，也是借鉴汉字，主要采用汉字倒写或者反写的形式，称为"水书"或"反书"。最新的考古研究表明，水族文字与河南偃师二里头遗址夏陶上的符号有相通之处，懂水书的人甚至可以大致解读其含义，这引起了考古学界的重视，进而提出了水族先民来自北方和夏陶符号是一种文字的可能性。

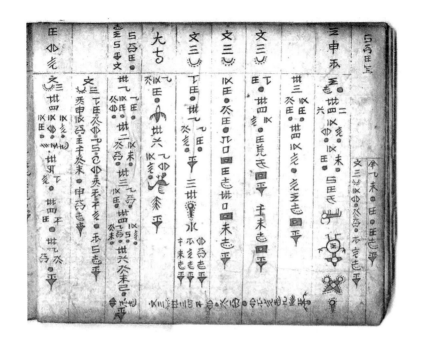

水族的水书

由于历史的原因，经过长期的发展，回族现在基本上使用汉语和汉字。但回族在本民族内部交际时，特别是在举行有关宗教仪式、经堂教育和交流思想当中，仍有其本民族的一些语言表达方式和习惯，这种语言被称为"经堂语"。

满族曾经有过自己的文字。16世纪末，努尔哈赤下令额尔德尼和噶盖二人以蒙古文字母为基础创制了满文，史称"老满文"。17世纪，皇太极令达海对"老满文"进行改造，史称"新满文"。清军入关建立清朝后，为了统治的需要，满族人开始大量学习和使用汉字。在康熙、雍正年间出现了满、汉并用的历史阶段。至乾隆、嘉庆年间以后，满语满文的使用范围逐渐变窄，许多满族人不会满语满文而改习汉语汉字。辛亥革命以后，满人为逃避报复，完全改用汉语和汉字。目前掌握满文的人已经很少，只有黑龙江省少数乡镇的老人和部分语言学专家还能使用这种语言。因此，现阶段可以视满族的文字为汉字。

目前，在我国，汉字不但是汉族的文字，也是全国各个少数民族通用的文字，是在国际活动中代表中国的法定文字。全民族都通用汉语的几个少数民族，很自然地以汉字作为自己的文字；没有与自己语言相一致的文字的少数民族，大多也选择了汉字作为自己的文字。中国55个少数民族中，有29个民族有与自己的语言相一致的文字，有26个民族使用汉字记录自己的语言。由于有的民族使用一种以上的文字，如傣语使用四种文字，景颇族使用两种文字，所以29个少数民族共使用54种文字，而语言方面，55个少数民族共使用80多种语言。

实际上，汉族与其他民族或外国接触交往的历史，多数比他们开始借用或借鉴汉字造字的历史要久远得多，还有不少汉字文化圈以外的国家和民族也同汉族有过程度不同的文化交流。这些接触和交流，不可避免地在汉语汉字中留下了痕迹。

不过在多数情况下，汉语的使用者都是通过译音、译义或音义结合，运用已有的汉字对这类外来语词加以记录。许多语词如狮子、葡萄、苜蓿、枇杷、槟榔、没药（药名）、佛、菩萨、阎罗、魔鬼、站（驿站）、胡卢巴（药名）、祖母绿（玉名）等等，早在几百年乃至将近两千年以前就传入中国了。

近代以来随着"西学东渐"，传入的新词更多，不胜枚举。比如服务、组织、纪律、政治、革命、党、方针、政策、申请、解决、理论、哲学、原则、经济、科学、商业、干部、后勤、健康、社会主义、资本主义、封建、共和、美学、美术、抽象、逻辑、证券、总理、储蓄、创作、刺激、代表、动力、对照、发明、法人、概念、规则、反对、会谈、机关、细胞、系统、印象、原则、参观、劳动、目的、卫生、综合、克服、马铃薯……这些词语全部是来自日语的外来词。

但是有时候也为这类新词专门制造了新字。例如《说文解字》的"玉部"中就有一个"[王㐬]"（liú）字，注为："璧[王㐬]也，出西胡中。"据现代学者考证，它是梵文俗语veluriya（后译作"璧流离"或"吠琉璃"）汉译省称的新造专用字。古波斯国（今伊朗）传来一种花卉，原译作"抹利、抹厉、末丽、末利"，后来造出"茉莉"二字，成为规范词形，加草字头表示它们的意义类别是植物。还有一个"魔"字，则是梵文mara的汉译省称的新造专用字，唐代和尚玄应编了一部佛经字典《一切经音义》，指出："魔，书无此字，译人义作。"（卷二十一）说明是佛经的译者依义所造的新字。

近代俄国门捷列夫的元素周期表传入中国以后，化学家们充当仓颉，更是创造了许多新字，例如氯（chlorine）、氖（neon）、镁（magnesium）、钪（scandium）、砷（arsenic）、硒（selenium）等。这些字一般使用形声方法组造，如金字旁表示是金属元素，石字旁表示是非金属固体元素，气字头表示是非金属气体元素，其余部分则表示读音。这些新形声字构造合理，符合需要，很快就通行开了。

也有些新字是用其他方法创造的，例如管唧筒（即压水机）叫"泵"，原是广州人对英语pump的音译造字，取"重石压水"之意，应是会意字。这个方言字，后来也被普通话吸收了。

可见汉语对于外来语的摄取、吸收是积极的，在这个过程中产生了不少新字，丰富了汉字的库藏。这是中外文化交流的一个侧面，同时也是汉字具有包容性和顽强生命力的象征，值得我们重视并研究，而不是因此就认为别国文字高于汉字，更不能理解为离开了别国文字，汉字就无法存在。

汉字对于中国的统一还有特别的意义。

中国几千年的文明能够得以继承，并延续至今，汉族文化的发达是基本原因，而汉字是文化传播和继承的重要载体，是核心。汉字促进了大一统之下的政治文化事业的发展，对中国的统一具有非常重要和深远的影响。

汉字是世界上最古老的文字之一，它与世界上任何一个民族的文字一样，是记录语言和传达语言的书写符号，是人们交流思想的辅助工具。汉字是迄今为止连续使用时间最长的主要文字，也是上古时期各大文字体系中唯一传承至今的文字。

有学者认为汉字是维系中国南北长期处于统一状态的关键元素之一，还有学者将汉字列为中国第五大发明。中国历代皆以汉字为主要官方文字。

中国历代王朝之所以能建立起统一的多民族国家，并随着社会的不断发展壮大起来，其原因是多方面的。其中，文字起到了不可忽视的作用。经济文化联系是政治统一的先导，是民族融合的基础。而文字则是文化传播与传承的重要工具，是联系各民族的精神纽带。

02 风之所及
——汉字对周边国家的影响

◇ ....

　　现在，汉语是中国、新加坡的官方语言。其他国家使用汉语的人数很少，比例稍大一点的国家主要集中在东南亚。除中国使用汉字外，过去使用过或现在仍然在使用汉字的国家有越南、日本、朝鲜、韩国和新加坡。

　　在秦始皇统一中国之前，越南和中国已经发生接触。汉字大约在秦汉之际传入越南。10世纪以前的越南一直是中国的郡县。秦、汉、隋、唐都在此设官统辖，因此受中国文化的影响较深。长期以来，越南一直使用汉字。宋朝文弱，越南得以独立，其后无论是上层人士的交往，还是学校教育以及文学作品的创作，均以汉字为工具。

　　直至13世纪，越南才有本国文字——字喃（意思是"南国的文字"）。字喃是以汉字为基础，用形声、假借、会意等方法创制的表达越南语音的新字。例如"[天下上]"是会意字，用"天"和"上"两个汉字构成，意思是"天上"。"[巴上三]"是形声字，读成"巴"，意思是"三"。

字喃一直与汉字平行使用。19世纪起采用拉丁化新文字。1945年，越南实行了文字改革，才用拼音文字代替了汉字和字喃。然而，汉字并没有完全在越南消失，文学、历史等学术上仍保留了大量汉字和字喃。

日本民族虽有着古老的文化，但其本族文字的创制则相当晚。

据史书记载，公元3世纪的西晋武帝太康年间（280—289），中国的一些典籍如《论语》、《千字文》已经传入日本。这也就是汉字传入日本的开始。日本人仿照中国汉语的读音念读汉字，叫作"音读"，也运用日本语的读音念读汉字，叫作"训读"。

日本语的字母，是利用汉字创制出来的，叫作"假名"，大约创制于公元八九世纪。使用假名，原来只被视为权宜之计；与此相对，汉字却被称为"真名"，用来书写正式文章。

假名分为"片假名"和"平假名"两种。"片假名"是采用汉字楷书的写法，使用手写体楷书的偏旁；"平假名"则是采用整个汉字的草书写法。因此，中国人看到日本文字，有看到差生乱写错别字的感觉，也就不稀奇了。

一个假名就是一个音节，按说可以用来拼写、记录作为音节黏着语的日语的全部语词，但是日语中的同音异义词也特别多，如果全部使用假名，也势必难以辨识，因此只能使用假名夹用汉字，使现行的日本文字，大体成为一种半拼音的文字。

安	ぁ	あ	以	ゝ	い	宇	ぅ	う	衣	ゑ	え	於	ぉ	お
加	か	か	幾	ぎ	き	久	く	く	計	け	け	己	こ	こ
佐	さ	さ	之	ぐ	し	寸	す	す	世	せ	せ	曽	そ	そ
太	た	た	知	ち	ち	川	つ	つ	天	て	て	止	と	と
奈	な	な	仁	に	に	奴	ぬ	ぬ	祢	ね	ね	乃	の	の
波	は	は	比	ひ	ひ	不	ふ	ふ	部	へ	へ	保	ほ	ほ
末	ま	ま	美	み	み	武	む	む	女	め	め	毛	も	も
也	や	や				由	ゆ	ゆ				与	よ	よ
良	ら	ら	利	り	り	留	る	る	礼	れ	れ	呂	ろ	ろ
和	わ	わ										遠	を	を
无	ん	ん												

部分平假名与汉字的对照

　　此外，日本人还仿照汉字自造一些字，叫作"倭字"，如"辻"，意思是街，十字路口；"畑"，意思是旱田，等等。

　　尽管自10世纪起，假名文字已在日本盛行，但汉字的使用却并未因此而废止。虽然时不时有人提出完全废除汉字的提议，但反对之声也颇为强烈。时至今日，已在世界占据重要地位的日本文字仍保留有一千多个简体汉字。

　　汉字对朝鲜的影响历史久远，很有代表性。

　　古代朝鲜一直没有发明自己的文字，所以只能沿用中国汉字。相传中国和朝鲜在3000多年前的西周武王时期就有来往。公元1世纪以前，朝鲜人已经接触到汉字。公元5世纪前后，汉字已经被用作朝鲜的文字。但是普通朝鲜平民根本不识汉字，只有朝鲜贵族、官员会使用汉字，所以称为"吏读文字"。

　　到了15世纪中叶，朝鲜世宗大王受到音乐和北方游牧民族拼音文字的启发，创制出朝鲜的拼音文字。世宗组织起当时包括他本人在内的许多朝鲜"集贤殿"的优秀学者，还特意派遣一位朝鲜知名学者，前后十几次到中国来学习、研究汉字精髓，历时达三十年之久，才最终在1446年发明创造了朝鲜文字。

虽然1446年朝鲜文字就正式诞生了，但由于中国汉字在朝鲜的强大文化影响力，朝鲜文字一直被朝鲜妇女和没受过良好教育的朝鲜人使用，被称为二流文字的"谚文"，而朝鲜的贵族、官员还是继续使用"吏读文字"。

1905年，日本占领朝鲜后，大搞"易服改姓"（即逼迫朝鲜人穿"和服"以及取日本姓氏）。作为民族精神觉醒的标志，朝鲜文字才开始广泛使用。此外，还有一个重要的原因，那时的中国正值清朝风雨飘摇的末年，已经衰朽不堪。皮之不存，毛将焉附？中国自己都在琢磨怎么进行文字改革，废除汉字，改用拉丁文，汉字也就自然而然地在朝鲜走下神坛，被朝鲜文字趁势取而代之。

朝鲜半岛在1945年被苏联、美国分割成为两个国家：朝鲜和韩国。所以，世宗450年前创造的拼音文字在朝鲜被称为"朝鲜文"，在韩国被称为"韩文"。朝鲜在1948年和1954年两次废除汉字，不允许在朝鲜文中夹用汉字，而韩国在20世纪60年代也禁止学校教授汉字，只准使用纯正的拼音文字。

可是到了2005年，历史又发生了有趣的逆转。

2005年2月9日，韩国政府颁布了《推动汉字并用方案》，方案指出：为了发展韩国的传统文化，促进与东亚汉字文化圈国家的积极交流和推动韩国观光事业的大力发展，将目前完全使用韩国文字的公务文件改为韩、汉两种文字并用，以解决韩文难以清楚地表明汉字含义的历史难题。方案宣布：在所有公务文件和交通标志等领域，全面恢复使用已经消失多年的中国汉字和汉字标记，以适应世界化的时代潮流。此外，还将同教育部门协调改善汉字教育体制。

从2011年开始，韩国把汉字重新列入中小学的课程里。

所以，韩国现在实际上使用的是汉字和韩文的混合体文字。韩国文教部颁布过供大中学校使用的1800个"新订通用汉字"和供一般文字生活使用的1300个"常用汉字"。民间往来的书面语，则因人而异，或用混合体文字，或用韩文。

韩文里夹杂着部分汉字

为什么会这样呢？

因为朝鲜拼音文字虽然是象征着朝鲜民族的独立，但是朝鲜拼音文字根本还是脱离不开汉字——归根到底，它只是汉语的拼音化文字。除了语法结构不同之外，韩文可以被理解为汉语的旁系，或者是一种遥远的、异化的大中华方言。

中国汉语拼音有四声，也不能完全解决中国汉字同音字的问题，而韩语中没有四声，所以用韩文标注汉字的发音就是一件十分费力而且头痛的工作，很难做到准确。一个韩文发"Kang"音的字，既表示"姜"字，又表示"康"字，还表示"江"字，到底是什么字？要根据前后文的意思而定，要望前后文才能生义，而且要先理解母体汉字的中文语义才可能得到正确的结论。于是就只能请母体文字——中国汉字出来解决问题了。

中国人几千年的文明是韩国、朝鲜、越南和日本的母体文明，但是文化上的强行废除行为，却使他们逐渐失去了母体文明的灵魂！如果不与中国母体文明再次联结，韩文、朝鲜文、越南文甚至日本文，都将成为风干的、没有灵魂的文化"木乃伊"，所以韩国政府全面恢复使用中国汉字是必然和明智的历史抉择，其实也是别无选择！

03 废除汉字——三千年未有之危局

◇ ·······················

你知道吗，有许多知名学者曾经大声疾呼，要废除汉字？你还知道吗，废除汉字曾经一度作为中国的国策？且让我慢慢道来。

事情要从清代末年说起。

中国近代史，就是中国挨打受欺负的历史。1840—1842年的鸦片战争，中国战败；第二次鸦片战争，中国战败；中法战争，中国战败；中日战争，中国战败……中国的历次对外战争无一不是以失败告终。为什么天朝上国会一而再、再而三地败于蛮夷之邦呢？总得有个原因吧。有从制度上找的，有从人种上找的，有从思想上找的，有从土地上找的，但有人找到了汉字头上。

1918年，著名学者钱玄同首先在《新青年》上发难，在《中国今后的文字问题》一文中，钱玄同提出了如下观点："废孔学，不可不先废汉字；欲驱除一般人之幼稚的、野蛮的思想，尤不可不先废汉字。""汉字的罪恶，如难识、难写、妨碍教育的普及、知识的传播。""欲使中国不亡，欲使中国民族为二十世纪文明之民族，必须以废孔学，灭道教为根本之解决，而废记载孔门学说及道教妖言之汉字，尤为根本解决之根本解决。"

钱玄同第一个提出了废除汉字的倡议，同时期的学者纷纷附和。

陈独秀说："强烈地主张废除汉字，中国文字，既难载新事新理，且为腐毒思想之巢窟，废之诚不足惜。"

吴玉章说："汉字是古代与封建社会的产物，已经变成统治阶级压迫劳苦群众的工具之一，实为广大人民识字的障碍，已不适应现在的时代。""为了根本解决文字改革问题，使汉字走上世界共同的拼音方向。"

刘半农认为："汉字不灭则中国新文化无望。"

北京大学校长蔡元培提出："汉字既然不能不改革，尽可直接的改用拉丁字母了。"

"现代普通话的新中国文，必须罗马化，就是改用罗马字母，要根本废除汉字。汉字是十分困难的符号，聪明的人都至少要十年八年的死功夫……要写真正的白话文，就一定要废除汉字，采用罗马字母……汉字真正是世界上最龌龊最恶劣最混蛋的中世纪的茅坑！"瞿秋白这样批评汉字。

傅斯年也有类似的说法："汉字起源是极野蛮，形状是极奇异，认识是极不便，应用极不经济，真是又笨又粗，牛鬼蛇神的文字，真是天下第一不方便的器具。"

就连新文化运动的旗手鲁迅也声嘶力竭地呐喊道："汉字不灭，中国必亡！""汉字是愚民政策的利器。""汉字终将废去，盖人存则文必废，文存则人当亡。在此时代，已无幸运之道。""汉字也是中国劳苦大众身上的一个结核，病菌都潜在里面，倘不首先除去它，结果只能自己死。"

只有胡适态度稍显温和一些，认为一切都得慢慢来，先把汉字变成白话文，再谈消灭汉字，因为文言文里有太多的单音节词，"决不能变成拼音文字"。

以上学者无一不是中国近代史上大名鼎鼎的用汉字的高手，可你看，从他们的言辞你能感受到他们对汉字的喜爱么？简直是个个都想置汉字于死地而后快啊！

若说民国时期还只是学者倡议废除汉字，就已经让人震惊了，而新中国成立后，在相当长的一段时间里，居然把废除汉字作为基本国策之一，就更令人震惊。

1956年1月27日，中共中央发布《关于文字改革工作问题的指示》，在《指示》中明确指出："汉字必须改革，汉字改革要走世界文字共同的拼音方向，而在实现拼音化以前，必须简化汉字，以利目前的应用，同时积极进行拼音化的各项工作。"

这个方针是按照毛泽东的指示制定的，包括文字改革的目标和步骤，目标是拼音化方向，步骤是首先简化汉字，同时进行拼音化的准备工作。准备工作主要有两项，一是推广普通话，一是制定汉语拼音方案。关于这两点，在"汉字之演变"篇里已有详细描述。

1956年1月20日，中共中央召开知识分子问题会议。中国文字改革委员会主任吴玉章在会上作了关于文字改革的发言。接着毛泽东主席讲话，在讲话中，表明了他放弃汉语拼音采用民族形式自创字母的主张，而转回到了他曾经赞成的采用拉丁字母的态度。在此之前的不同场合里，毛主席表示过"汉字是一种落后的字体"，"必须要改革成像拉丁文那样，方便学习及辨识，以使其能够符合其救国的思想"，"走世界共同的拼音化道路"。

因此，在1956年，废除汉字改用拉丁文，已经成为新中国的一项基本国策。这项国策至少延续了四十年之久，直到20世纪90年代，都还存在。所有学校的教科书上，都明确无误地写道：简化字是第一步，汉语拼音方案是第二步，废除汉字，改用拉丁文，是汉字改革的第三步。

但显然，第一步和第二步都得到了很好的实践，第三步却迟迟没有落到实处。你现在看的还是汉字，而不是拉丁文。为什么会这样呢？因为时代的变化，超过所有人的计划。伟大如毛泽东，也没有能够预见到中国及汉字在此后的发展。

简化字表发布了，汉语拼音方案发布了，下一步就是全面拉丁化，但具体怎么走呢？谁都不知道，方案倒是提了几十种，但没有一种能够落到实处。只有一种模糊的提法，那就是汉字要进一步简化。

因此，在20世纪五六十年代，很多人当起了仓颉，各地都出现了制造新简化字的热潮。"文化大革命"中，红卫兵们也热衷于简化汉字。1977年12月20日，"文化大革命"结束不久，就公布了《第二次汉字简化方案（草案）》（简称"二简方案"）。第一表收简化字248个，第二表收简化字605个。但这套草案所收简化字把一些不应该简化的字简化了，很多字被简化得过于简单，甚至失去汉字原有结构意义，问题实在是太多，因此，1986年由国务院下令废止了"二简方案"。

为什么"一简方案"能够得到认可，而"二简方案"就被否定了呢？原来，当时受极左思想影响，人们认为汉字是为工农兵服务的，知识分子是"臭老九"，所以简化汉字时并没有征求知识分子的意见，甚至没有经过文字改革委员会的表决，就匆匆忙忙地公布并推广了。相比第一次简化的汉字，"二简方案"大多采取了通行于一种行业、一个地区的新简化字，约未全定，俗未全成，结果造成了很大的混乱，甚至影响到了汉字在国际语言中的形象。

原	厉	灌	渓
菜	芽	酒	氿
稳	秄	儒	仛
嚷	吐	廖	庁

部分"一简字"与"二简字"的对比，能明显感觉到二简字的不合理之处

由于"二简字"曾经在社会上被使用了一段时间，也一度作为学校的教学用字，而且简单易写，所以现在还能在不少地方看到"二简字"。比如："鸡蛋"经常写作"鸡旦"，"停车"被写作"仃车"，"副经理"简化成为"付经理"，"人们"写成"人亻"。在中国历史上，只有傅姓而无付姓，只有萧姓而无肖姓，只有阎姓而无闫姓，而"二简字"将"傅"简化成"付"，将"萧"简化成"肖"，将"阎"简化为"闫"，"二简字"颁布后，部分姓傅、姓萧、姓阎的人就改了姓，二简字废除后并没有改回来，于是就出现了今天"傅付并用，萧肖共存，阎闫同在"的局面。

1986年6月24日，国务院发布了同意国家语言文字工作委员会《关于废止〈第二次汉字简化方案（草案）〉和纠正社会用字混乱现象的请示的通知》，宣布废除"二简字"。

这个废止令，不只是废止了"二简方案"，而且是废止了汉字进一步简化的错误倾向。

实践已经证明，汉字进一步简化是不得人心的，是不正确的。但废除汉字的呼声并未就此止息，因为新的问题又来了。

04　迎接电脑时代的挑战
——汉字输入

◇ ......

汉字在科学技术飞速发展，人类进入"知识爆炸"、"信息时代"的今天，曾经受到严重的挑战。这个挑战就是汉字无法输入电脑。

20世纪40年代，电脑问世之后，将英文打字机的键盘与电脑连接，很顺利地就实现了英文的电脑输入。然而，电脑是西方人发明的，键盘是西方人发明的，电脑不认识中文，键盘也无法输入汉字。包含着形、音、义等特征信息的汉字，字形结构复杂，数量庞大，根本无法输入电脑。当时的有识之士都认识到，电脑在未来会扮演越来越重要的角色，如果不能解决电脑汉字输入技术这个难题，将会影响到中国现代化建设的进程。

拼音首先派上用场。这个原本用作汉字拉丁化的过渡产物，不但在教小学生学习生字的过程中发挥了不可估量的作用，现在因为拼音与英文共用一样的符号，它在英文键盘上也能发挥作用。毫无疑问，每个合格的小学生在拼音方面都不会太差，而拼音输入法大大降低了中国人使用英文键盘的难度，对于电脑（现在还包括平板电脑和智能手机）在中国的普及，也是功勋卓著。这个事情，恐怕是当初拼音方案的制定者万万没有想到的吧。

　　拼音虽然可以作为汉字的编码，制作成拼音输入法，但是很长一段时间里，因为同音字太多，拼音输入法的输入汉字效率极其低下。为了能够让中文快速地在电脑上输入，有的人抛弃英文键盘布局而另外设计了专门的中文键盘，这些键盘作为编码的键数量有的为几十个，甚至有的达到几百个，但是这些方案并没有实现中文的轻松或快速录入。

　　汉字对于新的信息处理技术的难以适应，受到了严厉的谴责，甚至被认为是振兴中华的绊脚石。废除汉字，用拉丁文取而代之的呼声再度高涨。

　　群情汹汹中，那些努力解决问题的人总是最值得尊敬的。

　　仓颉输入法是由有"中文电脑之父"称誉的台湾人朱邦复于1976年创制的，是第一种非拼音输入法。仓颉输入法原名"形意检字法"，用以解决电脑处理汉字的问题，包括汉字输入、字形输出、内码储存、汉字排序等。为纪念上古时期仓颉造字的精神，蒋纬国于1978年将此输入法重新定名为"仓颉输入法"。

　　由于仓颉输入法初期只有繁体字版本，对于推行简化字的中国大陆地区没有什么影响。

　　1983年8月，王永民推出了划时代的五笔字型输入法，因为发明人姓王，所以也称为"王码五笔"。五笔输入法采用普通的电脑键盘，只使用英文字母键其中的25个参与编码，不但可以让我们输入汉字，而且也极大地解决了输入速度这一顽症。五笔字型完全依据笔画和字形特征对汉字进行编码，具有低重码率的特点，熟练后可快速输入汉字。

五笔字型在发展过程中先后诞生了三种编码方案，即86版、98版和新世纪版。五笔输入法是中国大陆地区第一个推广的非拼音输入法，一经推出来，即受到很多用户的热捧。在20世纪80年代和90年代，很多人学习电脑的第一要务就是学习五笔字型输入法，五笔输入法的教学培训班也遍地开花。直到现在，大多数电脑里都还装着五笔输入法，这是最常用的汉字输入法之一。

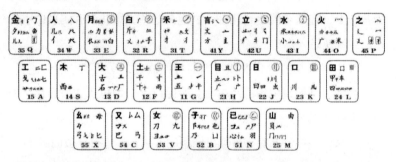

这是学习王码五笔必须背下的键盘表（新世纪版）

五笔输入法的问世，彻底解决了电脑输入汉字的难题。那之后，又诞生了诸如极点五笔、万能五笔、海峰五笔、智能五笔、龙文五笔、QQ五笔、搜狗五笔等五笔输入法软件，但这些五笔输入法大部分采用86版五笔编码标准，其编码规则与文字输入同王码五笔相同，只是软件的稳定性和软件的拓展功能不相同。王码五笔的影响可见一斑。

与拼音输入法相比，五笔输入法的优势是明显的。

2013年12月21日到22日，首届"全国汉字输入大赛"在河南信阳市举行总决赛。本届比赛共有约3500名个人和150个团队报名参赛。参赛选手所选用的输入法为大赛预装的"王码大一统五笔字型"输入软件或搜狗拼音输入法。

来自辽宁的银行职员王士辉以连续文本、离散文本、混合文本、古典文本四个单项冠军的好成绩荣登榜首。他用五笔输入法以每分钟输入175个字创造了10年来全国汉字输入大赛的最高纪录。在参加总决赛的57名选手中，有8位选手用拼音输入，而此次总决赛结果显示，排在前29名的选手，都采用五笔输入法。8个使用拼音输入法的选手中，最快打字速度每分钟不超过70个字。

现如今，汉字输入法已经非常丰富了，既可以键盘输入，也可以手写输入，还可以语音输入，真可谓是款式多样，任君选取。因此，现在的人也就很难理解当初因为汉字无法输入电脑时那些有识之士的焦虑了。

对于汉字拉丁化，一直以来就有反对的声音。改革开放之后，一大批语言学家站出来，大胆地说出自己的想法。

1983年，曾性初教授发表《汉字好学好用证》一文，在教育学、语言文字学、中文信息编码等领域产生了广泛而深远的影响。著名的文字改革专家周有光先生说："曾文打破了长期以来对汉字的一言堂的局面。"所谓一言堂的观点，就是"汉字笔画繁、字数多，难学、难认、难记、难读、难写、难用"，因此必须简化，进而必须拉丁化的观点。曾性初从12个方面论证汉字好学好用，指出汉字有望文知义的优点，是任何拼音文字所没有的。汉语中同音词很多，拼音化无法克服这个矛盾，汉语的方言复杂，拼音化很难推行。它比英文、日文假名与汉语拼音都较易学、易懂、易写，它所占的篇幅少，经济实用。因此汉字是悠久、优美的文字，记录与传递了光辉灿烂的中国文化，是中华民族的传家宝。

那之后，更多的语言学家站了出来。

张志公说："汉字不能废除，也废除不了。"袁晓园说："制定走向拉丁化拼音化方向的'文字改革'，是完全错误的。"侯一麟说："仅从语言与文字关系的角度讲，汉字拼音化也行不通。"中国语言学界的一代宗师，著名的语言学家、语文教育家吕叔湘也认为：汉字的优点恰好是拼音字的缺点，汉字的缺点也就是拼音字的优点，二者很难调和。

学者的共同质疑，与汉字拉丁化实际进程中的问题，使汉字拉丁化的脚步彻底停了下来。

1985年，为适应新时期语言文字工作的需要，国务院决定将"中国文字改革委员会"更名为"国家语言文字工作委员会"，并于1986年召开了会议，制定新时期语言文字工作的方针和任务。国家语言文字工作委员会主任刘导生请示中央和国务院之后，在名为《新时期的语言文字工作》的报告中，不再提毛泽东的"拼音化方向"，这意味着我国放弃了汉字拉丁化的基本国策，汉语拼音不再被看作文字，而只是被看成一种辅助汉字的工具。

2000年12月，中国通过了《国家通用语言文字法》，并定于2001年1月1日生效。这是中华人民共和国第一部关于语言文字的专门法律。该法以法律形式确定普通话和规范汉字作为国家通用的语言文字的地位。

20世纪二三十年代，学者们呼吁废除汉字，是在中国面临亡国灭种的危险的时候，由于一系列的失败导致的极端自卑心理，进而对自己拥有的一切都产生极端厌恶与憎恨心理的产物。

20世纪七八十年代，学者们呼吁废除汉字，是在电脑时代即将到来之时，因为汉字无法输入电脑，惧怕中国跟不上时代，再次被时代的列车抛下，进而否定自己拥有的一切的副产品。

就强度而言，因为遭遇的危机的强度不同，前一次废除汉字的呼声更为高昂，并最终在新中国成立后结出了累累硕果，而第二次呼吁就低调得多，但也催生出汉字输入法的百花齐放与电脑的全面汉化。同时，我们也能从这些呼吁中，看到那些人的拳拳爱国之心。他们是真心希望祖国强大，民族昌盛，世界和平啊！

进入21世纪，主流学者已经不再呼吁废除汉字，但废除汉字的呼声并未销声匿迹。随便在互联网上以"废除汉字"为关键词搜索一下，你就能搜到一大堆与之相关的奇葩言论。不过这些言论除了情绪，真没什么内容，有些就像是英语培训班的广告，完全不值一驳。不但对汉字的过去一无所知，对于英语本身也只是一知半解，更不要说，对于全世界的文字发展和使用情况，有一个大概的了解。

如此看来，中国的汉字近百年经历了许多灾难性的打击。它最后能够生存下来，实在是一个奇迹，也是中华民族的大幸运。

05 生死存亡——自源文字的沧桑

◇ ·····················

　　讲汉字传奇，不讲其他文字，不足以凸显汉字的独特与神奇。在这一节里，我们将简要地了解世界范围内文字的变迁。

　　按照起源方式的不同，文字分为自源文字和他源文字两种。不依傍其他文字而独立创造出来的文字叫自源文字，依傍着其他文字而创设的文字叫他源文字。在前面一节提到的受汉字影响而创制出来的文字都是他源文字。

　　世界上只有五种自源文字，包括：苏美尔人的楔形文字、古埃及人的圣书文字、古印度人的印章文字、美洲玛雅人的方块图文以及中国的汉字。这其中只有中国的汉字传承没有断绝，数千年来一直流传，其余四种文字全部灭绝了。为什么会这样？

（1）苏美尔人的楔形文字

　　幼发拉底河和底格里斯河都发源于亚洲西部的亚美尼亚高原，几乎是平行往东注入波斯湾，在两条河的中下游形成了一个巨大的平原，叫美索不达米亚平原，有时也称为两河流域。公元前4000年左右，这里就有了最早的居民——苏美尔人。他们创造了灿烂的苏美尔文明，最能反映这种文明特征的是他们的文字——楔形文字。已知最早以楔形文字记下的文献大约出现在公元前3200年左右。因此，可以推知楔形文字创制的时间应该再往前推若干年。

　　显然，楔形文字是逐步产生的。公元前3500年左右，苏美尔人开始刻图像于石或镌印于黏土，以此作为拥有某物的标志：或者用一块岩石表示"铁石心肠"，或者用一棵树表示一幢房屋。

　　大约500年以后，由图形向文字的演化速度大大加快。到了那时，苏美尔神庙的管理人员使用许多规范化的简图，把它们结合起来保存神庙的财产档案和商业交易档案。

　　尽管这一时期的书写文字仍具有象形文字特征，但已超越了以图画表示人及具体事物的阶段，发展到了用图画表示抽象事物，例如：一只碗表示食物，一个人头加一只碗则表示吃的意思。随着文字的推广和普及，苏美尔人干脆用一个符号表示一个声音，如"箭"和"生命"在苏美尔语中是同一个词，因此就用同一个符号"箭"来表示。后来又加了一些限定性的部首符号，如人名前加一个"倒三角形"，表示是男人的名字。这样，这种文字体系就基本完备了。

　　苏美尔人用削成三角形尖头的芦苇秆或骨棒、木棒当笔，在潮湿的黏土制作的泥版上写字，字形自然形成楔形，所以这种文字被称为楔形文字，也叫钉头文字。

　　为了长久地保存泥版，需要把它晾干后再进行烧制。这种烧制的泥版文书不怕被虫蛀，也不会腐烂，经得起火烧。被发现的楔形文字多写于泥板上，少数写于石头、金属或蜡板上。但美中不足的是，泥版很笨重，每块重约1千克，每看一块都要费力地搬来搬去。到现在，发掘出来的泥

楔形文字

版，共有近100万块，最大的有2.7米长、1.95米宽，可谓是巨书！

公元前2007年，苏美尔人的最后一个王朝衰亡之后，巴比伦王国继承了楔形文字，并有新的发展。

楔形文字原来是从上而下直行书写，后来改为从左向右横行书写，于是全部楔形符号转了90°，从直立变成横卧。由于右手执笔，从左向右横写，楔形笔画的粗的一头（钉头）在左，细的一头（钉尾）在右。

在苏美尔的最早记录中，使用的符号约有2000个左右，但经过600多年的改进，在公元前2900年左右时，符号的数目已经削减到600个左右。符号进一步简化，最后演变为楔形刻痕的组合，基本笔画有四种：横、竖、斜和折。而巴比伦时代，楔形符号只有500种左右。

巴比伦国王汉谟拉比（约前1792—前1750）在位时颁布了一部法律汇编，用楔形文字刻在一根高2.25米的石柱上，被称作汉谟拉比法典。该法典由序言、正文和结语三部分组成，3500行，共282条法律条文。它是最具代表性的楔形文字法典，也是迄今世界上最早的一部完整保存下来的成文法典。

汉谟拉比死后，古巴比伦就濒临瓦解了。王国先后受到赫梯人、加喜特人的入侵，最终在公元前729年被亚述帝国吞并。

亚述国王亚述巴尼拔（前685—前627）在位时，专门在宫殿里

修建了一个图书馆，用以收藏和保存从各个地方收集来的泥版图书。1849年，英国人莱尔德发现这个图书馆时，被里面收藏的三万"册"书惊呆了。这个图书馆被命名为"亚述巴尼拔图书馆"，馆内比之现代图书馆也毫不逊色，藏书门类齐全，包括哲学、数学、语言学、医

汉谟拉比法典的一部分

学、文学以及占星学等各类著作，几乎囊括了当时的全部学识。尤其珍贵的是，在文学类泥版中，这里藏有世界史上第一部伟大的英雄史诗《吉尔伽美什》，这是美索不达米亚文明所创造的最重要的作品，是现代西方文学的源头。

泥版图书的一角

公元前612年，亚述帝国灭亡，迦勒底人重建巴比伦，史称新巴比伦，也叫迦勒底王国。公元前539年，波斯人崛起，居鲁士二世率军占领新巴比伦。王国来了又去，城邦塌了又建，苏美尔已经消失了两千多年，而楔形文字被略加改造后，还在使用。在波斯人

统治时期（公元前500年左右），楔形文字甚至成了西亚大部分地区通用的商业交往媒介。

然而，这已经是楔形文字最后的荣光了。

波斯帝国被亚历山大击败，公元前325年，两河流域成为马其顿帝国的一部分。公元前305年，亚历山大的大将塞琉古造反，建立塞琉古王国，其领土包括两河流域。塞琉古王国存在了两百多年，于公元前64年被罗马帝国所灭，两河流域成为罗马帝国的一部分。

反反复复的政权更迭，不同民族的文化交融，极大地削弱了楔形文字的影响力。而且，楔形文字本身具有多重含义，其准确含义只能根据上下内容来确定，这就使得楔形文字体系极其复杂，学习起来极为困难。当罗马帝国扩张，拉丁字母崛起的时候，楔形文字受到前所未有的强力挑战。到公元1世纪左右，曾经在西亚流行了3500年的楔形文字就完全消亡了。

（2）古埃及的圣书文字

古埃及位于非洲东北部尼罗河中下游地区，公元前32世纪左右美尼斯统一上下埃及从而建立第一王朝，其间经历9个时期31个王朝的统治，于公元前343年被波斯所征服。

古埃及是四大文明古国之一，一度极其繁荣。文字方面，早在第一王朝时期，就开始广泛使用文字。古埃及人把自己的文字叫"神文"。希腊人把埃及文字的碑铭体称为"圣书文字"。过去翻译者把"圣书文字"译为"象形文字"，后来象形文字扩大含义成为同类型文字的统称，古埃及的文字就被称为圣书文字。

1987年，德国考古队在阿拜多斯（现在地名为乌姆·卡伯）发现了一座公元前3150年古埃及统治者的坟墓，复原了数百块骨片，从中找到了埃及象形文字。这是目前已知的最早的圣书文字。

圣书文字

圣书文字有三种字体：碑铭体、僧侣体和大众体。碑铭体起初是雅俗通用的，后来成为雕刻在金字塔和神庙石壁上，以及绘写在石器和陶器等器物上的庄严字体。碑铭体是装饰性的正体，而僧侣体是实用的草体，主要用于宗教写经。这两种字体的内部结构完全一致。大众体又称书信体或土俗体，它是僧侣体的简化形式。

圣书文字包含三种字符：音符、意符和限定符。

意符中有许多是明显的象形字。例如，圆圈中加一点表示"太阳"；持弓的人表示"军人"或"军队"；一张弓表示"长度单位"；鸟展两翅表示"飞"；眼睛下面三条线表示"哭"；两条腿表示"走"。意符可以单独表示词义，但是所表示的词义不是都能像上面所说的例子那样望文生义。写成僧侣体以后，意符就完全失去了象形作用。

音符大都是从早期的意符转化而成的。埃及圣书字的音符，只表辅音，附带不写出的元音。例如"神文"（mdwntr）这个词是由辅音符号构成，阅读时候由读者加上应有的元音。音符有单音符、双音符和三音符。这些音符是后世辅音字母的最初萌芽。

限定符是规定意义类别的记号，本身不读音，跟其他符号结合成词，有区别同音词的作用，类似形声字的部首。比如，长方形表示"天"，长方形下加一颗星表示"夜"，长方形下加几条曲线表示"下雨"。"日"、"月"、"山"、"水"等限定符一看就知道它们表示的意义类别。表示君王名字的限定符是一个椭圆形加一条底座线，就像中国的"神主"牌位。椭圆形中间的君王名字是用纯表音的音符写成的，这样就提供了后世释读埃及圣书字的最初突破口。

在古埃及的古典时期，符号总数有700个左右，后来不断增加，到公元前500年左右达到2000个以上。这些基本符号可以组成全部语词。

公元前343年，古埃及被波斯征服，旋即在公元前332年又被马其顿帝国的亚历山大大帝率军占领，建立托勒密王朝。在公元前30年，罗马帝国崛起后，击败托勒密王朝，埃及成为罗马的一个行省。公元1世纪中期，基督教在亚历山大城扎根并传播。与其他宗教不同，基督教试图使异教徒皈依，这威胁到了埃及的传统宗教，引发了长达两百年的对抗。公元303年，戴克里先成为罗马执政官后曾展开对基督徒的大清洗，使这场对抗达到顶峰，但基督教最终获胜。因此，埃及的传统宗教逐渐没落，而能读懂圣书文字的人越来越少。

公元4世纪左右，只有很少的埃及人还能够读出圣书文字。罗马皇帝狄奥多西一世在公元391年发布敕令，关闭了所有非基督教的神殿，从此就再也没有建造过刻有埃及圣书文字的纪念碑或者神殿。

那之前，圣书文字已经在埃及地区使用了3500年以上；那之后，古埃及以及圣书文字被世人遗忘了1400多年。直到1799年在埃及罗塞塔发现一块纪念碑，有碑铭体、大众体和希腊文三种文字对照。以这块石碑为线索，法国人商博良经过长期的研究，到19世

纪20年代，终于对圣书文字三
种字体基本上解读成功。

(3) 古印度的印章文字

1826年，一名英国逃兵詹
姆斯·刘易斯来到今天巴基斯坦
的旁遮普地区，在一片山丘上发
现了一大片城堡废墟。他将此地
取名为"哈拉巴"。

1921年，印度考古学家L.
班奈吉在印度河下游哈拉巴附近

圣书文字浮雕

发掘佛塔遗迹时，意外地发现了刻有动物形象和文字符号的印章。
学者们经过更详细的调查后断定：这一带一定有远古文化的遗迹存
在，并将它命名为"哈拉巴文化"。

在哈拉巴陆续出土了2500枚类似的印章。与印章同时出土的还
有刻字的泥版、货币和盖有印章的陶封等，这些都是作为四大文明
古国之一的古印度的历史见证。其中，印章是最为重要的，因为它
上面刻有古老的文字。

印章底面的形状一般为边长2.5厘米的正方形，也有的呈长方
形，多用皂石、黏土、象牙和铜等制成，正面刻着铭文，反面有穿
孔的突出物，便于人们悬挂。

一枚印章上的铭文一般不超过20个字，这种铭文被称为"印章
文字"。文字之外，印章上还有许多形象生动的浮雕，其题材主要
是当时常见的动物，如水牛、犀牛、大象等。牛在印度人的生活中
占有十分重要的地位，这在5000年前的印章上就有体现。此外，有
的印章表现了古代印度河流域人民狩猎、航行、娱乐等情景，还有

的具有宗教神话含义。

印章文字（牛的图案非常生动）

印章文字一般由直线条组成，字体清晰，文字符号共有400到500个，基本符号有22个。学者们推测，这些印章文字可能就是印章主人的姓名和头衔，印章雕画可能是他们崇拜的事物。

很多古文字学家对印章文字进行过研读，但一直没有取得公认的结果。有学者认为印章文字的很多符号是象形的，可能还处在象形文字阶段，但也有人认为印章文字有表音节和重音的符号，属于向字母文字过渡的表音文字。甚至连印章文字是谁发明的都还存在争议。一种说法是印度的土著居民达罗毗荼人是印章文字的发明和使用者；另一种说法，达罗毗荼人没有文字，印章文字是取代达罗毗荼人的雅利安人带来的；最为神奇的说法是，印章文字是从苏美尔人那儿传来的楔形文字，这样的话，印章文字就不属于自源文字，而是他源文字了。

迄今为止，考古学家对印章文字达成的唯一共识是：它是从图画文字演变而来，第一行从右往左读，第二行从左往右读，如此往复，就像驱使牛耕地一样。

根据考古学断定，哈拉巴文化大致在公元前3000年出现，公元前1750年毁灭。这个古老文明究竟是怎样毁灭的？印度的史学家根据遗址和遗物从中提出了种种假说。

一种说法是外族入侵。持此说的学者都一致认为，大约在公元前1750年左右，印度河流域的城市遭到了很大的破坏，但入侵者是谁，一直没有得到很好的解释。一度认为是雅利安人，可是雅利安人来到印度时，哈拉巴文化已经毁灭了整整三个世纪。

另一种说法是地质和生态变化说。持此说的学者主要根据印度河床的改造、地震以及由此而引起的水灾来证明这样一个事实：这一切都会给哈拉巴文化带来巨大的破坏。所以，当雅利安人到来时，印度河边并没有文明人居住，他们就填补了这个空白。

雅利安人最初居住在俄罗斯南部的草原上，后来从那个地区向亚洲和欧洲迁移。大约在公元前14世纪，雅利安人的一支进入印度，并定居，被称为印度-雅利安人。根据现有的资料推断，他们使用的文字有佉卢字和婆罗谜字两大系统，这两种文字也是早期梵文的雏形。那之后，印度经历过多次征服，统一的时间远远少于分裂的时间，文字也多次变迁。因此，现在的印度人与创造哈拉巴文化、使用印章文字的古印度人没有多少关系。印章文字在公元前1750年已经灭绝了。

（4）玛雅人的方块图文

玛雅人是北美洲印第安人的一支，公元前约2500年就已经定居在中美洲地区。在公元前1500年，玛雅人便在村落定居，并发展了以玉米、豆类和南瓜的栽培为基础的原始农业，进入文明时代。与其他自源文字相比，玛雅文字出现得较晚，大概出现于公元元年前后，而出土的第一块记载有日期的石碑已经是公元292年的产物。

最初，玛雅文字只流传于以贝登和提卡尔为中心的小范围地区。公元5世纪中叶，玛雅文字才普及到整个玛雅地区。当时的商业交易路线已经确立，玛雅文字就是循着这条路线传播到各地的。美洲有许多原住民，但玛雅人是美洲唯一留下文字记录的民族。

玛雅文字呈方块图形，类似于中国的印章，因此被称为"方块图文"。

方块图文非常奇妙，它既有象形，也有会意，还有形声，是一种兼有意形和意音功能的文字。每一个玛雅字既代表一个整体概念，又有各自独特的发音。这类似于日语中的汉字与假名的关系，如玛雅文中的"盾"（pakal）既可以写成一个表意的象形单字，也可以分成三个表音文字"pa""ka""la"。

方块图文的发展水平与中国的甲骨文相当，只是符号的组合远较汉字复杂，块体近似圆形或椭圆。字符的线条依随图形起伏变化，圆润流畅。玛雅文字的一个字符中大的部分叫主字，小的部分叫接字，字体有"几何体"和"头字体"两种，另外还有将人、动物、神的图案相结合组成的"全身体"，主要用于历法。玛雅文字的读法为：从上至下，两行一组，以"左→右→（下一段）左→右"的顺序读。

方块图文的体系十分奔放。整个语法规则呈现出一种语言学意义上的无规则运动，无论是元辅音字母、时态变化还是主谓句式结构都保持着鲜明的随机特性，语言基本元素在整个句子中疯狂地跳跃、摆动，直到让整个结构支离破碎。且语法规则按照太阳历而变动，太阳历一共有18个月，换言之，还要将上述语法的混乱程度再乘以18！

　　方块图文被刻在石碑和庙宇、墓室的墙壁上，或是被雕在玉器和贝壳上，或是用类似中国式毛笔的毛发笔书写（或者叫描绘）在陶器、榕树内皮和鞣制过的鹿皮上，记载了玛雅人的宗教神话、祈祷文、历史、天文、历象等。科班是玛雅文化最发达的地区，它的纪年碑和建筑物上的方块图文书写最美，刻制最精，字数最多。

玛雅方块图文的拓片

　　公元250年左右玛雅人开始兴起，至公元900年左右的这段时间，考古学家称之为玛雅文化的古典时期。不过，公元900年以后，玛雅文明却急遽衰落，许多大城市和祭祀中心人烟绝迹而任丛林植被蔓生。这次衰退的原因至今未明。到16世纪初，西班牙人征服这一地区时，多数的玛雅人都只是定居于村庄的农人，他们遵行祖先流传下来的宗教仪典。1526年，一支西班牙探险队前往尤卡坦半岛，试图用暴力建立西班牙殖民地，并强制推行基督教信仰。不肯屈服的玛雅人展开了长达百余年的游击战，直到1697年，最后一个玛雅城邦在西班牙人的炮火中灰飞烟灭。

玛雅人使用了1600余年的方块图文也随之湮灭。现代还生活着的玛雅人已经无法识别这些古老的文字。

当后世科学家在丛林中重新发现玛雅人的金字塔和方块图文后，绞尽脑汁进行了解读。由于玛雅人的方块图文艰深晦涩，至今能解读的不足1/3。

（5）小结

苏美尔人的楔形文字，创制于公元前3500年，灭绝于公元100年，前后使用了3600年。

古埃及人的圣书文字，创制于公元前3200年，灭绝于公元391年，前后使用了近3600年。

古印度人的印章文字，创制于公元前3000年，灭绝于公元前1750年，前后使用了1250年。

玛雅人的方块图文，创制于公元元年前后，灭绝于公元1697年，前后使用了1700年。

中国人的汉字，创制于公元前？年（这个有较大的争议，若从贾湖契刻符号算起，则是公元前6000年；若是从仓颉收集整理陶文算起，则是公元前4000年；若从较为成熟和系统的甲骨文算起，则是公元前1400年），迄今为止，仍在使用，并且还在走上坡路，没有灭绝的迹象。

简单分析一下：

其一，五种自源文字，最初都是从图画文字转化来的，都有象形这个阶段。几乎所有的自源文字都是方块字，也都有形声字。这说明文字发端伊始，大家的思路几乎是相同的。虽然最后发展出来的结果有所不同，这也是正常的，毕竟每一种文字都有自己不同的文化需求和不同的书写工具，显然，用芦苇秆在泥版上描画与用小刀在龟甲兽骨上镌刻肯定是不一样的。

其二，不是每个民族都有文字的。世界上很多民族都有自己的口头语言，而没有自己的文字。这是因为文字的独立发明是一件无比艰巨的工程，耗时长久，动辄几百至几千年，绝对不是某个神仙或者圣人拍拍脑袋就能创制出来的。文字产生的基本条件是农业文明发展到一定程度，有记录的需求（比如祭拜神灵、记录账目、时间变化等），还要有富余的财富供养专门的抄写人员。像美洲，有人居住的历史并不算短，为什么只有玛雅人创制了方块图文呢？就是因为在众多印第安人的分支中，只有玛雅人建立起了较为完善的农业体系，而其他分支都还停留在狩猎采集阶段。

其三，一个地区一旦形成系统的文字书写系统，在有效传播范围内，基本扼杀相邻地区独立创造文字的可能。显然，借用和模仿先进民族的文字比自己创制文字容易得多。五种自源文字中，除了古印度的印章文字因为灭绝得比较早而没有对周边相邻地区产生影响之外，剩下的四种文字在长达数千年的使用时间里，都形成了范围相当广阔的文化辐射圈。

其四，四大文明古国的提法是由梁启超第一个提出来的，包括古印度、古巴比伦、古埃及和中国。从先前的描述看，古巴比伦并非原生文明，它是苏美尔文明的继承者。梁启超在提四大文明古国时，可能并不知道苏美尔文明的存在。如果他知道，估计会用苏美尔文明取代古巴比伦。

其五，有极少数学者认为汉字不是自源文字，说汉字受到苏美尔楔形文字和古埃及圣书文字影响而创制，是没有任何说得过去的证据的，无论是理论还是考古发现都是站不住脚的。

其六，上述五种自源文字的出现顺序不是没有原因的。按照广为接受的非洲起源中心论，猿猴最初是在非洲的大草原上进化为类人猿，进而进化为原始人。这个过程极其漫长，有人说需要600万年，也有人说花了300万年的时间，总之，生生死死，有的原始人兴盛一时却遽然消逝，有的原始人默默无名却历久弥坚，许多原始人部落在非洲大陆上挣扎求存。在几百万年的时间里，有些原始部落迁徙了出去，有的到了亚洲，有的到了欧洲。但他们都不是现代人的直系祖先，只是人类进化史上数量众多的分支。

DNA研究表明，大约6.5万年前，也许是因为过度炎热，也许是因为食物匮乏，现代人的直系祖先智人离开非洲中部的草原，一路向北，寻找温暖的食物充足的地方。这是一个漫长的旅程，智人们走走停停，遇到平坝河谷等适合居住的地方，有的部落就停留下来，而另外的智人部落可能继续前行。北非的尼罗河下游是他们停留的第一站，西亚的两河流域是第二站。

停留下来，并非文明就自然降生了。他们还需要在艰苦的自然环境下挣扎求存好几万年才能从狩猎采集过渡到农业耕种，并最终演化出文明来。北非和西亚相邻，所以古埃及文明与苏美尔文明出现的时间极其接近，都是公元前3200年到公元前3500年，而考古学上的一个小小误差就可能抹掉这个时间差，因此，争议谁是世界上第一个人类文明，是古埃及还是苏美尔，是没有多少价值的。也有人借此否定中华文明的价值，认为中华文明不是世界上最古老的文明，此种说法也是毫无意义的。

智人继续沿着海岸线前行，他们手里并没有世界地图，只是追逐着食物和好走的迁徙路线。第三站是南亚的印度河流域，留下来的部落催生出古印度文明。在大约2万到1.5万年前，他们迁徙到长江流域和黄河流域，成为中国人的祖先。但他们至少还要在混沌中生活一万多年，才能在陶器上描画最初的汉字。

　　智人们继续前行，通过白令海峡的大陆桥，进入北美洲，最终遍布南北美洲。美洲是智人们最后到达的大陆，这可能是玛雅人的方块图文是所有自源文字中最后一个创制的原因。

　　现在，五种自源文字中的四种都因为外族入侵或者文化入侵而灭绝了，只有汉字幸存。但显然，汉字并非只靠运气才存活到现在。具体原因，稍后再分析。而且，你必须明白：今日之世界文字是字母的天下。汉字在其重重包围之下，步履维艰。

06　攻城略地——字母文字的扩张

◇ ·················

　　说来你可能不信，现在世界上所有的字母文字都有一个共同的起源。

　　闪米特人的历史十分久远，公元前4000年起他们就居住在北非，是游牧民族，曾经入侵过苏美尔文明。今天的阿拉伯人、犹太人和叙利亚人等等都是闪米特人的后裔。

　　古代闪米特人在北非和西亚辗转迁徙，一直没有自己的文字。大约在公元前2000年，在埃及境内的闪米特人对古埃及圣书文字进行改造，抛弃圣书文字所有的意符和限定符等符号，只使用音符中的24个辅音字母，以拼音方式纪录他们自己的语言。先前说过，古埃及圣书文字包含音符、意符和限定符，其中音符表示这个字的辅音，附带不写出的元音。

闪族字母包含了代表埃及圣书文字24个辅音的全套24个符号，因为音符大都是从早期的意符转化而成，没有完全摆脱象形，也被叫作象形字母。

象形字母使用了300年后，到公元前1700年，住在腓尼基的北方闪米特人对象形字母（这个时候已经增加到了30个符号）加以归纳整理，改造成了抽象的22个字母符号，被称为腓尼基字母（腓尼基就是现在的叙利亚—黎巴嫩—巴勒斯坦地区）。腓尼基字母继承了闪米特人象形字母全是辅音的特点，没有代表元音的字母或符号，字的读音必须由上下文推断。也有学者认为应称为闪米特字母或闪字母，以纪念它的发明人而不是发明地区，因为在那里居住的不都是闪族人。

𐤀	'aleph	[']	𐤋	lamedh [l]
𐤁	beth	[b]	𐤌	mem [m]
𐤂	gimmel	[g]	𐤍	nun [n]
𐤃	daleth	[d]	𐤎	samekh [s]
𐤄	he	[h]	𐤏	'ayin [']
𐤅	waw	[w]	𐤐	pe [p]
𐤆	zayin	[z]	𐤑	tsade [s]
𐤇	heth	[h]	𐤒	qoph [q]
𐤈	teth	[t]	𐤓	res [r]
𐤉	yodh	[y]	𐤔	sin [s]
𐤊	kaph	[k]	𐤕	taw [t]

后世整理的腓尼基字母表

当时的腓尼基是地中海地区的贸易枢纽，借助贸易，腓尼基字母很快在地中海地区传播，演化出来的亚兰字母（亚洲字母系统的始祖）和希腊字母（欧洲字母系统的始祖），在文字历史上有深远的意义。

先说欧洲字母这条线。

公元前800年，希腊人"征用"腓尼基字母来表示元音，希腊文由此成为元音和辅音兼备的第一个全音素文字。在公元前700年到公元前600年间，罗马人又对希腊字母进行了系统的改造，改造后的字母被称为"罗马字母"。因为古代罗马用拉丁人的方言作为国语，因此记录下来的罗马字母又被称为"拉丁字母"，而且这个称呼流传更为广泛。

拉丁字母最初只有21个，其中有16个辅音字母B、C、D、F、Z、H、K、L、M、N、P、Q、R、S、T、X，4个元音字母A、E、I、O，和一个音值不定的U，既表元音又表辅音。古代拉丁语和古汉语一样，书写时没有标点，且只有大写字母，后来增加到26个。字母G、J、Y、V、W等都是在其使用和发展中——特别是语音的变化中——逐渐出现的。同时，为了书写方便，也出现了小写字母和各种书写字体。

右边的表格大略说明拉丁字母"D"的由来。古埃及圣书文字的这个音符本意是"鱼"，不过不是这个字的意思，古埃及象形文字是由若干个符号框在一起组成词或短句，音符表示的是读音；约公元前2000年，南方闪族人采用了这个符号，读作"搭累特"（daleth），既是拼音字母，也用来表示三角形的帐

D的演化	符　号
古埃及	⋈
南方闪族	⋈
北京闪族	◁
希腊	△
拉丁	D d

字母D的演变过程

篷门帘；公元前1700年，北方闪族人把daleth简化成了三角形；公元前1100年，希腊人把三角形立起来，读作"德耳特"（delta）；公元前800年，罗马人大概嫌三角形不好写改成了"D"，又过了600年，为书写方便，增加了小写"d"。

在强大的罗马麾下，拉丁字母伴随拉丁语、拉丁文在欧洲使用了2000多年。公元395年，罗马帝国分裂为东、西罗马帝国，西罗马帝国很快于476年灭亡，东罗马帝国（即拜占庭帝国）变为封建制国家，1453年为奥斯曼帝国所灭。与之相伴随的是拉丁语走向衰亡，如今只有梵蒂冈人在教堂里做弥撒的时候用拉丁语，而其他时候他们用意大利语。

拉丁语衰亡了，但拉丁字母没有衰亡。

当欧洲各个民族在罗马帝国的废墟上建立各自的王国，迫不及待地在自己语言的基础上发展各自的文字时，不约而同地都选择了拉丁字母。这是建国达2000年之久的罗马帝国的文化遗产，其影响不容置疑，而且当时的欧洲人实在找不到比这弯曲不超两次、笔道不过三画更简单的字母体系了。

但是，他们照搬的是拉丁字母的形体，而不是读音，就像现在的英语字母表与拼音字母表，并且还根据各自的情况，进行了程度不同的删改。至于用法（时态、词性等等），更是千差万别。比如，葡萄牙文只使用23个拉丁字母，没有k、w和y；西班牙文共有24个拉丁字母，b和v的发音相同，h不发音；荷兰文也只使用23个拉丁字母，没有q、x和y；除了26个拉丁字母外，德语还有其他四个字母：Ää、Öö、ß、Üu；英语和法语则全盘照搬，使用了26个拉丁字母。

文艺复兴终结了黑暗的中世纪，欧洲走上高速发展之路。16世纪，欧洲开启了大航海时代。荷兰、西班牙、葡萄牙、法国、英国……欧洲强国纷纷在亚洲、非洲和美洲建立殖民地。掠夺殖民地的资源的同时，他们也在各个殖民地强行推广自己国家的文字。因此，翻开今天的世界语言与文字使用地图，你会发现，非洲以法语和英语为主，南美洲以葡萄牙语和西班牙语为主，其实反映的正是当初各国殖民地的情况。

19世纪，英国处于鼎盛时期，是当时的世界第一强国，号称"日不落帝国"，意思是说，英国殖民地遍布全球，永远都有英国的领地处于太阳的照耀之下。英语自然成为各个殖民地的官方语言。美国原本是英国的殖民地，自然使用的是英语，1776年独立后发展迅猛，在20世纪中叶成为世界强国。英语的强势地位得到进一步巩固和提升。

如今，世界上以英语为母语的国家有十余个，它们是：美国、加拿大、英国、爱尔兰、澳大利亚、新西兰、南非和几个加勒比国家。把英语和其他语言一并作为官方语言的国家超过70个，其中包括尼日利亚、加纳、印度和新加坡。此外，在一百多个国家中，英语被列为外语教学的首选。借助英国昔日的威风和美国今日的强盛，英语已经渗透到政治生活、商务、安全、娱乐、传媒、教育等领域，成为事实上的世界性语言。

然而，以英文字母为代表的拉丁字母并不是现在世界上唯一大范围使用的字母。

公元前8世纪，腓尼基字母传到西亚后，被用来记写当地的亚拉姆语，经过改造成为亚拉姆字母（也翻译为亚兰字母）。希腊字母成为欧洲字母的源头，亚拉姆字母则成为亚洲字母的源头。写《圣经》用的希伯来字母就源自亚拉姆字母。阿拉伯字母也是在4世纪由亚拉姆字母发展而来的，共有28个辅音字母和12个发音符号。世界上使用阿拉伯字母的语言有波斯语、普什图语、乌尔都语、一部分突厥语、柏柏尔语以及中国境内的维吾尔语、哈萨克语、乌兹别克语等。在世界语言中，除拉丁字母外，阿拉伯字母是应用最广泛的一套字母。

　　斯拉夫字母源自希腊字母，是由基督教传教士西里尔兄弟在9世纪为了在斯拉夫人中间传教方便所创立的，因此也称为西里尔字母，被斯拉夫民族广泛采用。目前使用斯拉夫字母的文字有俄文、保加利亚文、乌克兰文、白俄罗斯文、塞尔维亚文、马其顿文等。在世界语言中，斯拉夫字母的使用范围排名第三。

Аа	Бб	Вв	Гг	Дд	Ее	Ёё	Жж	Зз
a	b	v	g	d	e	jo	ž	z
[a]	[b]	[v]	[g]	[d]	[ye]	[yo]	[ž]	[z]

Ии	Йй	Кк	Лл	Мм	Нн	Оо	Пп	Рр
i	j	k	l	m	n	o	p	r
[i]	[y]	[k]	[l]	[m]	[n]	[o]	[p]	[r]

Сс	Тт	Уу	Фф	Хх	Цц	Чч	Шш	Щщ
s	t	u	f	x	c	č	š	šč
[s]	[t]	[u]	[f]	[x]	[ts]	[tʂ]	[š]	[c]

Ъъ	Ыы	Ьь	Ээ	Юю	Яя
'	y	"	è	ju	ja
стоп	[ш]	стоп	[e]	[yu]	[ya]

斯拉夫字母表

　　拉丁字母、阿拉伯字母和斯拉夫字母这三种同源的字母共同构成了今日字母世界的主体。联合国工作语言共六种语言：阿拉伯语、汉语、英语、法语、俄语、西班牙语，文件也使用相应的六种文字，除了汉字，其他的全是字母文字。

　　因此，说全世界的文字只有两种，一种是汉字，一种是字母文字，毫不为过。说汉字被字母文字包围着，也不算夸张。

如前所述，字母文字是在借鉴了古埃及圣书文字的基础之上，去掉了象形的部分，只保留了音符，才创制出来的。也就是说，字母文字不是由某种自源文字发展而来，而是借鉴了自源文字后创制出来的，属于二次创制，而象形文字乃至其后续文字基本都是原创。

字母的创制，如同一次偶然的文字实验，却深刻改变了世界文字格局。此后，有语言无文字的地区，想要设计文字时，理想状况下面临两套方案可供借鉴选择，一套是汉字这样的语素/意音文字，另一套是腓尼基字母这样的音素文字。此时，音素文字强大的兼容性表露无遗。以字母代表音素或音节，理论上可以适用于任何语言。而用语素/意音文字方案去配套另一种语言时，设计和习得难度远大于音素文字。而表音文字翻译外族语言也比汉字等语素/意音文字简单粗暴得多。

历史上字母的广泛传播，除战争征服、贸易往来和宗教传播等因素外，显然，字母设计本身的兼容性也是一大要因。历史上，欧洲的基督教传教士们，为宣扬耶稣，历来是世界各族文字设计的主力军。十月革命后，苏联为苏联境内的许多少数民族进行文字改革，用斯拉夫字母替代原有的少数民族文字字母，所以现在原苏联境内的许多民族文字使用斯拉夫字母，如哈萨克、吉尔吉斯、乌兹别克、土库曼、鞑靼等等。新中国成立后，也邀请苏联专家用拉丁字母帮助壮、布依、苗、黎、纳西、傈僳、哈尼、佤、侗等十几个民族设计了14种文字方案。

为什么历史上汉字没有字母化呢？

其一，中国的南北距离较短，南北之间没有沙漠之类。中国由西向东的大河（北方的黄河、南方的长江）方便了沿海地区与内陆之间的文化和技术的传播，而中国东西部之间的广阔地带和相对平缓的地形最终使这两条大河的水系得以用运河连接起来，从而促进了南北之间的交流。

在中国，有些新事物是由南向北传播的，尤其是铁的冶炼和水稻的栽培。但主要的传播方向是由北而南。这个趋向在文字上表现得最为明显。汉字在华北地区出现并得到完善，然后流传各地，预先制止了任何其他不成熟的书写系统的发展或取而代之，最后演化为今天仍在中国使用的文字。

所有这些地理因素促成了中国在很早的时候文化和政治就高度统一。而西方的欧洲虽然面积和中国差不多，但地势高低不平，也没有这样连成一体的江河，所以欧洲直到今天都未能实现文化和政治的统一。

其二，秦始皇一统天下，将大一统的观点深深地植入了中国人的灵魂深处。后世数千年历史，无论发生什么样的战争，分裂了多久，中国人总是追求统一，而统一的国家自然就倾向于使用统一的文字。纵观历史，凡是被歌颂、赞美、传扬的帝王君主无不是在统一这件大事上有所作为的；反之，那些偏安一方、不思进取的帝王君主则是被批评的对象。汉字也是如此，历史上，如同秦始皇一般进行过"书同文"的皇帝有好多位。语言可以异声，但文字必须统一，好处很明显。就像现在，广东人和东北人直接用方言交流，彼此都会觉得对方是"外国人"，而用汉字聊天，就不会有什么障碍了。

其三，中国的地势内部相对平坦，周边却很隔绝，东边是大海，南边、西边都是难以逾越的高原和雪山，北边是荒漠。这使得中国隔离于古埃及文明、苏美尔文明和古印度文明的传播区域（欧洲、西亚、北非、南亚），使得中华文明及其文字可以独立发展、成熟。汉字书写系统的成熟时间早于字母书写系统的成熟，也就避免了字母文字扩张的干扰。中国地区，直至8世纪，突厥人才利用栗特文改造成古突厥文，此后的回鹘文、蒙文、满文也是栗特文的支系。自东汉末开始，书写印度梵语的悉昙文（也是字母文字）随着佛教传入，对汉字文化圈有所影响，但没有撼动汉字的主体地位。

在历史上的大多数时间里，中华文明相比周边民族一直都处于文化优越的地位，也就不可能学习字母文字。只有到了近、现代，中华文明落后于西方文明，才有了汉字拉丁化的冲动。但几千年的历史积淀实在是太丰富太沉重，绝对不是说变就能变的！

总之，中国地理上的优势，中国人勤劳和智慧，中国政治和文明的早熟与持续传承，使得汉字得以沿用至今。

那么，汉字的未来会如何呢？至少先把对于汉字的自信建立起来。

07　只有我可以——汉字的自信

◇ ....

　　美国费城的一名少年在读小学五年级时，突然对书报上的字一个都不认识了，这叫失读症。患有这种病的人，别的都很正常，能说话，就是原本认识的字忽然间不认识了。据统计，仅仅在美国，就有300万失读症患者。

　　费城的一位心理学家想到了一种独特的治疗方法。他首先教这位患失读症的少年学汉字，一段时间后再在一张纸上写出内容相同的英文和汉字，奇迹出现了，这位少年毫不费力地便把英语句子读了出来。这一成果引起了医学界、心理学界、语言学界乃至信息科学界的广泛关注。

　　原来，语言是人类思维的工具。语言的不同决定了人类思维过程的差异。实验证明，使用字母文字的人，识字是通过对字音和字义的记忆来实现的，使用的是大脑的左半球，而且仅仅是左半球，这个过程是以逻辑思维为主的。使用方块汉字的人需要记住汉字的字音、字义、字形三个方面，这需要大脑左右半球均衡协作，大脑左半球记认字音和字义，右半球记认字形连带字义。因此，读写汉字的过程其实是形象思维和逻辑思维的双重训练，有助于人类智慧的开发。

这也是学习汉字能治疗失读症的原因。据统计，学习字母文字的人患有失读症的人数远远多于学习汉字的。中国古人出于汉字崇拜的心理，认为汉字能治病，原本以为是迷信，没想到在现代美国得到了证实。

汉字的优点可不止这一个。

汉字基本音节为416个，而英文为476个。基本音节决定发音动作，因此英文的发音动作比汉语多14%以上。由于汉字有四种声调，因此汉字的全部音节多达1336个。英文无声调，这样，它就要靠音节的不断重现来表达一定的内容。在概率上，英文比汉字音节的重现率要多180%以上。这就是汉字比英文简洁的根本原因。

汉字"母体字"少，而且"繁育力"极强。汉字的"母体字"不到100个，而一个"母体字"可带出几个、十几个、几十个甚至几百个汉字。比如"一"就可带出"二、工、土、干、午、牛、三、王、主、玉、丰"等200多个汉字。根据汉字的这一特点，就可创造"一字带一串、一串带一片、一片带一群"的识字方法。

汉字的"结交力"极强。不但绝大多数汉字可独立成词，而且有限的汉字还可组成大量词汇和句子。如用"一二三十千，人个大太天，口中日白百，王主玉国班"等二十几个字就可组成"中国，大王，太大；一日，二人，三千；白玉，主人，百天；一个，人口，十班"和"一个人，一个中国人，一个中国大人，一个中国太太"等100多个词和50多句话。显然，随着掌握汉字的增多，组词连句的空间也会越大。

汉字的字形还具有较强的辨识性。同时，汉字是"三维"的，因此汉字由于其形、音、义的合一，所能携带的信息量是最大的。也就是说，在一定的信息总量中，汉字只需要较少的字数就可以负载完。联合国各种文种的文件中，中文版的文件总是比其他的薄，其中英文比汉字要多占用约70%的版面。这就决定汉字极有利于速读。中国古代就有一目十行的读书法。因此，在识字的基础上，可创造"闪电读词、闪电读句"等训练法，为速读打下基础。

汉字的适应能力也强。世界常变常新，总会有新的事物出现，与之相对应的，文字必须做出相应的改变来指称这样新事物。举例来说，以前世界上没有电脑，发明了电脑之后，英文需要新造一个新的单词Computer来指这个新发明，而汉语只需要从词库中找意思切合的字组合在一起就行。那玩意儿模仿的是人脑，又用的是电，用电的脑袋，因此简称为电脑，形象又生动。

这种组词的高效率保证了汉字系统的稳定性，即词汇增加、语言发展，而基础汉字基本不变。

汉字还使我国产生了某些独有的艺术，例如歇后语、对联、成语、汉赋、唐诗、宋词、元曲……又如，汉字丰富多彩的字体和形体，加上独具一格的书写工具和材料，经过我们祖先长期的创造和努力，使得它的书写成为世界上一门特别的艺术——书法。书法在我国具有悠久的历史传统，历代书法大家的艺术珍品，不仅丰富了我们的民族文化，也早已成为人类艺术宝库中璀璨夺目的明珠。

汉字的优点可不只这些。在实际的学习和生活中，你也可以找到很多。

　　当然，无需隐讳，汉字并不是完美的，也存在严重的缺点。

　　语言学家赵元任曾经用现代汉语"ji"音节的词，编过一个名叫《饥鸡集机记》的故事：

　　　　唧唧鸡，鸡唧唧。

　　　　几鸡挤挤集机脊。

　　　　机极疾，鸡饥极，

　　　　鸡冀己技击及鲫。

　　　　机既济蓟畿，

　　　　鸡计疾机激几鲫。

　　　　机疾极，鲫极瘠，

　　　　急急挤集矶级际。

　　　　继即鲫迹极寂寂，

　　　　继即几鸡既饥即唧唧。

　　把这个故事所有的词，即使都标上声调念出来，因为都属于同一个音节，可以说是让人几乎完全听不懂的。《饥鸡集机记》这个极端的例子，足以使我们认识到单音节同音词偏多的毛病。有人初步统计，现代汉语"yi"音节的同音词有177个，"ji"音节的有163个，"yu"音节的有139个，"li"音节的有133个，"xi"音节的有130个，"zhi"音节的有128个，"jian"音节的有119个，等等。

　　事实上，每一个汉字都具有自己的形、音、义，但形近字、多音字和多义字的大量存在，带来了很多很多的麻烦。

　　从字形上讲，有许多形近字。它们的字形体极其接近，但读音和意思相差十万八千里，比如：未来的未和期末的末，就一横长一横短的区别而已；拔草的拔和拨开的拨，也只有一个短竖的区别，还在同一个笔画里；而戊、戍和戌，就像三胞胎一样，叫人难以分辨。

从字音上讲，有许多的多音字。同一个字，在不同的词语和句子里，读不同的音，表达不同的意思，这样的字数量还很多。有的多音字很好分辨，比如处，读 chǔ 时表示动作，处罚、处置都读 chǔ；读 chù 的时候是名词，处所、妙处都读 chù。有的则不好分辨，比如似，估计很多人都不知道这是一个多音字，它既读 shì，又读是 sì，平舌翘舌不分的人根本读不出区别，前者组词"似的"，后者组词"相似"，意思上区别并不大；而像颤，读 chàn 也读 zhàn，前者组词"颤动、颤抖"，后者组词"颤栗、打颤"，都是动词，都表示抖动的意思，实在找不出这样的多音字的存在有什么意思，而像这样的多音字还不少。比起"和"来，这都不算什么。"和"字有 hé、hè、hú、huó、huò 和 huo 六个读音，在台湾还读 hàn，在广东还读 wo，共八个读音。

从字义上讲，多数汉字都是多义词。一个汉字要承担多个意思，有的是两三个，而有的则多达七八个。随便举个例子，在《现代汉语词典》第 6 版中，"黑"有 8 种意思，"红"有 7 个含义，而"白"有 17 种解释，这些字都是最常用的汉字之一。你想过它们有这么多含义吗？

汉字还有一大毛病，那就是笔画多。据统计，繁体字平均一个字有 16 画，而简化字平均一个字是 10 画。最简单的字，只有一画，包括一和乙，还有五个不常见的：丿（piě），丨（gǔn），丶（zhǔ），亅（jué），〇（líng）。我国现行的简化字中，笔画最多的汉字是"齉"，读 nàng，意思是鼻塞而发音不清，有 36 画。算上繁体字的话，问题就要复杂一些。《汉语大字典》中收录的笔画最多的字由四个"雷"构成，读 bèng，共 52 画，意思是打雷的声音。《汉语大词典》收录了4个龙字的繁体"龍"合并的字，共有64画，是我国汉字中笔画最多的。这个字读zhé，意思是"唠唠叨叨，话多"。

汉字难，难在难学难记难写。最重要的是，这使得汉字入门比较困难，必须有老师一个一个地教，不便于自学，就需要花费相当多的时间和精力。我国历来文盲非常多，这也是原因之一。

说学汉字难的人，学英文同样难。区别在于汉字入门难，需要掌握1500个以上的汉字才能正常读写，而英文入门容易，26个字母很好识记，但英文可不只是26个字母啊，那么多单词，那么多时态变化，那么多语法变化，就被那些赞美英文的人给忽视了。

现在，英文单词的数量已经多到惊人的地步。牛津英语辞典收入的单词超过了63万个。2009年夏天，web 2.0击败 slumdog、chengguan等竞争对手，获得第100万个英文单词的殊荣。而据语言监测机构称，每98分钟就有一个新词诞生。

这100万个单词都可以用3000个汉字表达。

在多数情况下，一个汉字代表汉语中的一个词，字形、字音、字义结合在一块儿，便于独立使用。掌握了一个字，往往等于掌握了一个词。汉语中由一个单音节词作为"词根"，加上其他成分所构成的双音节或多音节词，可以由同一个汉字加上其他汉字来表示，如：车——大车、火车、汽车、班车、三轮车、自行车等等，无论是词形的组合和词义的理解，都是再方便不过的。而在英语中，这些就要分别说成：vehicle、cart、train、automobile、regular bus、tricycle、bike（bicycle），虽然都是车，但单词彼此之间毫无联系，显然是既不容易记，也不容易写的。

现在的中国学生，可以朗朗上口地读2000年前的诗人屈原的《楚辞》。这种文字的稳定性，是智慧传承的基础。有了这种稳定的文字，才能读懂自己远祖的文明，才能不断地继承和进步。英语就做不到，因为英文太不稳定了，变化实在是太大了。现代人读莎士比亚的原著已经困难重重了，更不用说读 400 年前英国诗人乔叟的诗了，也就更不用说读 1200 年前刚刚诞生时的英文了——那完全就是另外一种语言。

综上所述，其实汉字并不像有些人说的那样全是缺点，英文也不像有些人说的那样全是优点。正确认识汉字和英文的各自优缺点，我们才能拥有基本的自信，进一步探讨文字的未来。

在人类历史上，从来没有一个时代像今天，语言正经历着巨大变化；从来没有一个时代像今天，众多民族需要彼此倾诉衷肠；从来没有一个时代像今天，这样多的文献需要翻译；从来没有一个时代像今天，这样需要"双语"或"世界语言"。

这就是电脑与互联网时代。

丘吉尔说过一句名言："你能向后看得越久，就能向前看得越远。"在"汉字演变"篇里，我们已经回顾了汉字数千年来的演变，现在来总结一下汉字演变的一些基本规律，相信对于畅想汉字的未来很有帮助：

第一，工具的改变，一定会对汉字的形体产生影响。在文字载体上，从龟甲兽骨到黏土模具，从简牍和缣帛到纸张；在书写工具上，从小刀到毛笔再到钢笔，都可以看出这个规律来。

第二，国力的改变，一般会对汉字的使用产生影响。当国力强盛时，汉字作为文化的一部分，会对周边文化产生极大的影响；而国力衰退时，汉字则会被作为替罪羊，成为被批判的对象；至于国家灭亡，带来文字灭亡，在历史上屡见不鲜。

第三，强势人物的指导，可能会对汉字的演变产生影响。秦始皇推行"书同文",光武帝提倡隶书,唐太宗喜欢行书,这些是正面的例子;孙休和武则天喜欢造字,造了很多陌生的字,则是反面的例子。

对照上面三点,如今的局面是:书写工具正在改变,用笔写字的人越来越少,更多的人开始长时间地在电脑键盘上输入汉字;中国国力正在大幅上升,2010年,国民生产总值(GDP)超越日本,成为世界第二大经济实体,什么时候超越美国呢?最乐观的估计是2018年,最悲观的估计是2050年;强势人物的影响是最弱的,也是最难判断的,很多时候汉字的演变都不是以个人意志为转移的,因此这里作为未知数,略过不提。

也就是说,汉字在如今基本具备了演变的所有可能。几千年的文字史告诉我们,汉字唯一不变的就是变,变才是永恒的。

现在是电脑与网络的时代,汉字的改变已经初显端倪。

第一,字体。

从隶书算起,后面的楷书、草书、行书,都不能算是一种新字,很多时候都只能说是同一个字的不同写法。两千年的时间,加上宋体,我们一共创制了五种字体。然而,现在你的电脑里装的字体肯定超过五种。

自从汉字输入电脑的难关被突破之后,对汉字艺术化的追求也被移植到了电脑上。最重要的表现就是各种字体如雨后春笋般涌现。有学者做过初步统计,有上千种之多。文鼎、汉仪、汉鼎、方正、华康、创艺等知名字库都分别有数十到数百种字体。

这么多字体,对于未来的汉字意味着什么呢?

第二,混用。

你知道"V587"是什么意思吗?翻译出来就是"威武霸气"。

这个属于拼音、数字再加谐音的混用。

你知道"囧囧有神"是什么意思吗？囧原本是个不常用的古字，本义指光明，然而却因为字形很像一张苦涩哭丧的脸，因此被赋予"郁闷、悲伤、无奈"之意，成为现今网络上最为热门的词汇之一。这属于古今混用。

这样的中外混用、古今混用还有很多。

这样的混用对于汉字意味着什么？

第三，缩写。

你认为"喜大普奔"是什么意思呢？告诉你，它是"喜闻乐见+大快人心+普天同庆+奔走相告"的首字缩写。

像这样的缩写还有很多：

不明觉厉——虽然不明白你在说什么，但是听起来感觉很厉害的样子。表面词义用于表达"菜鸟"对专业型技术型高手的崇拜，引申词义用于"吐槽"对方过于深奥不知所云，或作为伪装自己深藏不露的托辞。

男默女泪——全称为"男生看了会沉默，女生看了会流泪"，常用来形容某篇文章的主题，多与情感有关。

火钳刘明——是"火前留名"的意思，通常在一些有争议的作品刚出来时使用，表示看好该作品会火的可能性，而在前排留名。此外，"山前刘明"是"删前留名"的意思。

累觉不爱——是"很累，感觉自己不会再爱了"的缩略形式。

细思恐极——是"仔细想想，觉得恐怖至极"的意思。

人艰不拆——是"人生已经如此艰难，有些事情就不要拆穿了"的意思。

说闹觉余——是"其他人有说有笑有打有闹感觉自己很多余"

的意思。

啊痛悟蜡——"啊多么痛的领悟"的意思，后面的"蜡"是因为网友说这句话时，常在最后加个"蜡烛"图标以示"杯具"，而"杯具"这个词语本身就是网络用法，是悲剧的意思。

这样的缩写，对于汉字的未来意味着什么呢？

汉字改变的端倪可不只这些。你去仔细找仔细看仔细想，会发现很多很多。

当然，有时，端倪就只是端倪，很快会消失在时代的大潮里。但有时，端倪就像是一声脆脆的叫喊，会引发万年冰峰的惊天雪崩。

汉字会改变，这毋庸置疑。问题只是怎么变。

综上所述，目前有三种典型的观点：一是废除简化字，恢复繁体字；二是继续简化汉字，规范汉字；三是汉字拉丁化。

这些都是着眼于当下的争执，前面已经多有讲述，这里不再重复。我只希望抛开这些细枝末节的纠缠，看得更为长远，看得更为真切。

08   汉字3001——未来的汉字

◇ ⋯⋯⋯⋯⋯

50年后的汉字会是什么样子？100年以后呢？公元3001年，还会有人使用汉字吗？都说科幻有一双洞穿未来的眼睛，就让我们先到科幻里去看一看未来的汉字吧。

《萤火虫》是一部美国拍摄的科幻电视剧，是后来闻名世界的大导演乔斯·韦登的处女作。这部电视剧把时空背景设定于2517年，那时，地球上有两个超级大国，一个是美国，另一个是中国，因此全人类只使用两种语言和文字。一种是英语，一种是汉语。中美联盟派出的星际舰队已经开始探索遥远的新星系⋯⋯

因为这个设定，剧中的角色虽然全部是外国人，但会时不时地冒一句汉语出来，比如宇宙强盗们会喊："他妈的！Let's do it."剧中的天才驾驶员喜欢用中文"飘在狂风中的一片落叶"来形容自己穿梭星际的实力。更为神奇的是，编剧编造了许多今天并不存在的汉语俚语，比如当主角表示懒得理一帮人时就得用汉语说："让他们自己比赛丢猴子粪吧！"

　　同样因为这个设定，主人公买了一艘古董的"萤火虫"级运输船，取名"宁静"号，船舱正面同时写着英文"Firefly"与汉字"宁静"。此外，汉字无处不在，出现在电脑上，也出现在报纸上。

《萤火虫》剧照，"宁静"两字清晰可见

　　也就是说，在某些人声嘶力竭地喊着废除汉字的同时，一帮美国人认为，汉语和汉字能够成为全宇宙通行的两种语言文字之一。

　　个中滋味，自己去体会吧。

　　萧星寒写过一部长篇科幻小说，叫《终极失控》。在小说里，名为"钢铁狼人"的机器文明获得智慧，向全人类开战。

　　情报人员很快发现：钢铁狼人同以往的作战对象完全不同，它不是人类，因此它无法渗透，无法刺探，无法潜伏，甚至无法俘获，无法审讯，无法交流。在钢铁狼人面前，似乎所有传统的情报获得手段都失效了。

钢铁狼人有自己的语言和文字，它们懂得人类的语言和文字，但对于它们的语言和文字，人类知之甚少。很多专家研究过，但都铩羽而归。为什么呢？因为钢铁狼人的语速比人类快十倍，在我们听来，它们的话就是一声声急促的尖啸。我们要听见它们说的话，需要用特殊设备录制后再慢放。

直到有一天，一位情报专家靳灿无意中得到了一份钢铁狼人文字的原始档案，无意中从档案上看到了"一一"两个字——这两个字与汉字没有任何区别——这才明白，钢铁狼人的文字分明就是高度简化的汉字，再在这个基础上装饰了一种叫作"基鑫"的电脑编程语言。就这样，他找到了破解钢铁狼人语言和文字的钥匙，相关研究才相继展开。

进一步研究表明，钢铁狼人的铁文不是静止的，而是动态的。

在人类的文字中，不管是象形文字，还是拼音文字，书写下来都是紧贴在一个平面上的。即使有笔迹变化，也不妨碍别人准确阅读。铁文不同，铁文会动。看上去是同一个字，可它的某些笔画一旋转，意思马上会变。小点从左边跑到右边，或者反过来跑，所表达的意思截然不同。一横一竖也不是固定的，很多时候会从一个点延伸出来，方向不同，速度不同，所表达的意思相差十万八千里。点会跳跃，撇会弯腰，捺会踢腿，勾会流泪，装饰用的基鑫语言会突然出现在某个角落又突然消失，其停留的时间和出现消隐的方式也使这个字表达出的意思有细微的差别。

铁文看上去缺胳膊少腿，笔画弯曲扭捏，结构松散，不方不正，还时常左右颠倒上下翻转。而且，靳灿发不出铁语，因为声带和喉舌性能有限，没有人能发出铁语。想要学铁文，只能强行记住铁字的字形变化与单字意思的联系。

如果单是记认铁字，也还比较简单。铁文只有800个单字，加上字形变化和基鑫装饰，总字数也不超过3000个。但是，铁字与汉字并不存在一一对应的关系，往往是一个铁字可以代替好几个汉字，还有好些字是汉字所没有的。这就使得每个铁字的意思极其丰富，加上铁字组合成词的自由度又很大，将这种丰富程度提升了好几个层次。

更可怕的是，铁文的句子居然也是动态的。通常是几个词语挤在一起，相互伸胳膊抬腿，有时像亲热，有时像舞蹈，有时像格斗，总之是处在不停的变化中。这些细微的变化，会决定这句话的语气、语速、语感，最后决定这句话的意思。很多时候，一点儿细微的差别，就使得整句话的意思指向完全不同的地方。

可以这样说，钢铁狼人以汉字为蓝本发明的铁文将汉字的所有特点——注意是特点，包括缺点和优点——发挥到极致。按说钢铁狼人新造的文字应该更为准确、简洁、明晰，但现在却呈现出这样一种繁复的局面，实在令人疑惑。

原来，钢铁狼人是一个叫钟扬的中国人研究制造出来的，出于文化传承，他们发明文字时就参考了汉字。同时，钢铁狼人大脑的运行速度远超过人类，其整体智商比人类高好几个数量级，所谓铁文的复杂是对人类而言，对于钢铁狼人而言，根本就不存在。而且钢铁狼人依靠全球通讯系统，进行无线电全族联系，每一个钢铁狼人的所思所想都要全族共享，所以动态的铁文也正是它们所需要的。

铁文是机器文明仿制汉字的结果，那么未来的智力超人会使用什么样的文字呢？

美国华裔作家特德·姜写的科幻小说《领悟》中，"我"原本是个普通的广告人，出了严重的事故，被困在冰下一个多小时，大脑因为缺氧而严重坏死。为了治疗"我"受损的大脑，胡珀医生对"我"使用了一种新药，荷尔蒙K疗法。据医生说，这种疗法能够使大量受损的神经细胞获得再生。谁知道，这种疗法居然使"我"成为举世无双的智力超人。

"我"学什么都快，学什么都会，大自然的一切秘密都向"我"敞开。但很快，"我"达到了常规语言的极限。受这些语言的限制，"我"已经无法再取得什么进展了。它们无法表达"我"需要表达的概念，即使表达普通事物时也捉襟见肘。它们连表达话语都难以胜任，更谈不上表达思想了。

"我"开始设计一种新的语言。这是一项耗时的浩大工程，一旦完成，将大大澄清"我"的思维。等"我"将自己的全部知识用这种语言译解一遍，"我"所寻求的种种模式就将清晰呈现。

"我"创造的新语言成形了。它以事物的本质规律为导向，能够完美地承载"我"的思想，但却不适合于书写或者口语，无法以线形排列的字词把这种语言写下来，它的形式是无所不包的表意符号，只能整体吸收。这种表意符号比图画更微妙，能够表达上千个词都无法表达的意思。每个表意符号包含的信息愈多，它自身就愈复杂精微。"我"在怡然自得地构思一个庞大无比的表意符号，这个符号可以描述整个宇宙。

用印刷文本作为这种语言的载体太蹩脚、太呆板了。唯一可行的载体是录像或者全息图——可以显示时光流逝的图像。由于人的喉咙的音域有限，因此这种语言无法言说。

这种既不能印刷，也不能言说，只有智力超人才能使用的语言和文字实在是匪夷所思。但作者在小说中提到过"它的形式是无所不包的表意符号"，显然指的不是英文，而是现在世界上唯一还在使用的自源文字——汉字，是汉字的极端发展形态。

还有更为匪夷所思的，那就是外星人的语言。

对于那些热衷于描写地球人与外星人交流的科幻作家来说，智慧生物之间交流所必需的语言本是他们必须要解决的首要问题。但是很显然，绝大多数作家都狡猾地回避了这个问题。在他们的故事里，语言障碍总是被一带而过。常见的说法是万能的语言翻译机，或者在来地球的路上听广播学会的。

下面从语言学角度切入描写两种智慧生物的交流史对想象力的挑战。

《你一生的故事》是特德·姜的杰作，获得了1998年的星云奖和斯特金奖，讲述了人类与外星人的交流，着力于最基本的地方：语言。

《你一生的故事》中的外星人被称为"七肢桶"。他们有七根长肢，从四方向中央辐辏，轴心处挂着一个圆桶，整个形体极度对称，七肢当中的任何一肢都可以起到腿的作用，同时任何一肢也都可以充当手臂。七肢桶的身体就像气垫船，周围排着一圈眼睛，共有七只，没有眼皮。因为他们身体各个方向都有眼睛，任何方向对他们来说都是"正前方"，这样他们前进后退根本就不需要转身。

七肢桶的身体够奇特，但更奇特的是他们的语言系统。与地球人不同，他们的口头语言和书面语言是分开的，这令小说中的语言学家非常困惑。经过研究，语言学家得出结论：七肢桶的口头语言具有与地球语言完全不同的模式，它的词语没有固定的组合次序，其条件从句更连个常见的顺序都没有；七肢桶的书面语言则是一种纯粹的二维平面文字，变形极多，某一笔稍加弯曲，或者粗细不同，或者波动形状不同，或者两个字的字根大小比例有了变化，凡此种种，都表示意义有了变化。

更奇妙的是七肢桶语言背后的感知世界的方式。我们依照前后顺序感知世界，将各个事件之间的关系理解为因与果；而七肢桶则同时感知所有事件，过去、现在和未来，在他们眼里没有界限，他们在看到"因"的同时能看到事情的"果"。简单地说，就是他们如果看你一眼，就能知道你的前世、今生和未来。

而且，七肢桶的文字不是靠一个个具有独立意义的字词来表意，而是将所需要表达的语意都统一在一个字内。语意越是复杂，这个字就越是复杂。你想到了什么？对，就是书法家笔下的汉字。

在陕西一带，有这样一个民间传说：一位贫困潦倒的秀才赶往咸阳，路过一家面馆时，饥肠辘辘，不觉走了进去。只见店里摆满红黄绿白、色香俱全、裤带一般宽的面条，煞是馋人。秀才要了一碗裤带面，一阵狼吞虎咽，直吃得酣畅淋漓，到结账时一摸兜，囊中早已空空如洗，无以付账，只好告诉店家，愿意写一个店面。

店家没有办法，说："此面叫做biángbiáng面。"秀才读书上万卷，却不曾见过biáng字。但此时他触景生情，感怀伤时，略加思索，笔走龙蛇，一边写一边歌道："一点飞上天，黄河两边弯；八字大张口，言字往里走，左一扭，右一扭；西一长，东一长，中间加个马大王；心字底，月字旁，留个勾搭挂麻糖；推了车车走咸阳。"

一个特殊的合体字

最后写成一个字，如图。

biāng本是扯面时发出的声音，如今转化为一个特殊的字，细细品味这个字，真是写尽了山川地理，世态炎凉。从此，"biáng

biáng 面"名贯关中。

　　回忆外星生物七肢桶的文字，"不是靠一个个具有独立意义的字词来表意，而是将所需要表达的语意都统一在一个字内。语意越是复杂，这个字就越是复杂"，说的不就是这样的汉字么？

　　以汉语为母语的人大约有13亿，还有3000万人将汉语作为第二语言。

　　毫无疑问，汉语是世界上使用人数最多的一种语言，世界上大约有1/5的人使用汉语作为母语。

　　目前，对于汉字在近数十年来伴随社会的发展而发生的变革，对于汉字的现状中的某些问题，还存在着一些不同的看法。这是可以理解的。然而，汉字的改革，不是关系到个别人，而是涉及13亿人。因此，对于汉字的改革，必须谨慎。

　　而且，使用汉字的人数虽然是世界第一，但在世界上的影响力却不是。一种文字的影响力，就是它的生命力；想要有生命力，就必须扩大自己的影响力。因此，汉字全球化才是汉字的未来。

　　自进入16世纪以来，人类各民族的大范围交往日益增多，语言差异也就成为人们相互沟通的主要障碍，语言的翻译是突破这一障碍的主要手段，但人类渴望能有一种人类通用而不借助翻译就可相互交流的语言符号系统。为此，人们创造了许多国际辅助语言。

　　这些人造语言方案很多，大都是以印欧语系的语言为基础，在语言、词汇、语法上加以改革，使之容易学习和掌握。其中流行最广且不断发展的只有Esperanto（世界语）一种，它是1887年由波兰人柴门霍甫所创造的。我们一般所称的世界语就是这种人造国际辅助语。它已成为许多国家的法定外语语种，并有国际性的组织。尽管经过近百年无数热衷于世界语推广者的努力，但仍未成为国际性